你,也可以

——影响世界的青少年榜样

徐美玲 编著

济南出版社

图书在版编目（CIP）数据

你，也可以：影响世界的青少年榜样 / 徐美玲编著.
-- 济南：济南出版社，2024.4
ISBN 978-7-5488-6353-3

Ⅰ.①你… Ⅱ.①徐… Ⅲ.①青少年—先进事迹—世界—青少年读物 Ⅳ.① K818.4-49

中国国家版本馆 CIP 数据核字 (2024) 第 074022 号

你，也可以：影响世界的青少年榜样
NI, YE KEYI: YINGXIANG SHIJIE DE QINGSHAONIAN BANGYANG
徐美玲　编著

出 版 人　谢金岭
责任编辑　郑　敏
装帧设计　侯岩江　张　倩
插图绘画　侯岩江

出版发行　济南出版社
地　　址　山东省济南市二环南路 1 号（250002）
总 编 室　0531-86131715
印　　刷　东营华泰印务有限公司
版　　次　2024 年 4 月第 1 版
印　　次　2024 年 4 月第 1 次印刷
开　　本　145 mm×210 mm 32 开
印　　张　4.625
字　　数　100 千字
书　　号　ISBN 978-7-5488-6353-3
定　　价　29.80 元

如有印装质量问题　请与出版社出版部联系调换
电话：0531-86131736

版权所有　盗版必究

序

在这个纷繁复杂的世界中，我们常常因为种种压力和挑战而感到困惑和沮丧。然而，有些人的故事却如同明灯，照亮我们前行的道路。这本书《你，也可以——影响世界的青少年榜样》便是关于那些在逆境中闪耀的年轻人们的故事集。他们用自己的行动和成就证明了，无论年龄大小，每个人都有力量改变世界。

杰出人物比比皆是，为什么要做这样一本当代优秀青少年成长故事书呢？有研究发现，当书中主人公的年龄、背景与读者越接近，读者越容易受到激励。

本书共收录了十个真实的故事，主人

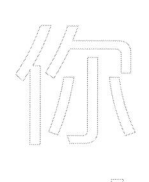

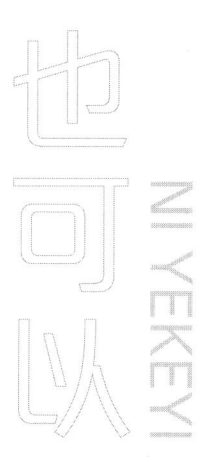

公包括全红婵——中国最年轻的奥运跳水冠军，王熙乔——高中毕业便创办创新高中的勇敢青年，顾伯健——为保护绿孔雀奋不顾身的环保勇士，凯瑟琳——致力于蚊帐慈善项目的"蚊帐大使"，以及马拉拉——为女孩教育权利而斗争的诺贝尔奖得主，等等。他们的故事不仅是成就的展示，更是经验、方法、勇气的传递。

阅读杰出同龄青少年的传记，能够使小读者们得到以下收获：书中杰出青少年的成就和成功经验，能激励小读者相信自己的潜力，努力实现自己的目标；学习借鉴杰出青少年在面临问题和挑战时是如何克服困难的，小读者在成长过程中会更加理性、成熟地面对生活的各种挑战；杰出青少年传记往往突出了成功者的品格特质、价值观念和人生信条，阅读这类图书有助于小读者塑造积极价值观；通过不同领域青少年的发展，了解到不同领域的发展机会和可能性，启发小读者发现自己的兴趣爱好和潜在才能，规划个人发展路径；让小读者了解不同背景、不同国家、不同文化中的青少年是如何取得成功的，拓展视野，增强对世界的理解和认知。玛丽·伦克·贾隆戈研究发现，阅读传记作品，还能让儿童意识到个体与集体对整个社会的贡献。

当我们读到全红婵云淡风轻地提到"一个一个动作去练"，我们坚信日供一卒的累积效应；王熙乔的创新精神展示了，即使年轻，也可以有改变教育现状的能力；顾伯健的因热爱而坚持，让我们明白保护自然的重要性和可能性；凯瑟琳的无私奉献，展示了帮助他人的美好；而马拉拉的勇敢和坚强，则是对抗不公与争取权利的典范。

我自己，也常常被这些青少年的坚持、热爱、勇气、创新、反抗精神所激励，那些不断激励我的传记还包括《硅谷钢铁侠》《向前一步》《人类群星闪耀时》《邓颖超的故事》《采摘幻想的女孩——邓肯自传》《假如给我三天光明》等，甚至还包括一本童书

《强大,美丽的新定义》。

这本书中的每一个故事,都是对年轻一代的一封鼓励信。它们告诉我们,每个人都有能力成为改变世界的一分子。无论是在体育赛场上、学术殿堂里、环保行动中,还是在任何一个你热爱的领域,你都可以通过努力和坚持,实现自己的梦想,并对这个世界产生积极的影响。

目 录
Contents

- **第一个故事**
  凯瑟琳:亲爱的"蚊帐大使"／1

- **第二个故事**
  王熙乔:高中生办了个创新高中／13

- **第三个故事**
  马拉拉:最小的诺贝尔奖获得者／27

- **第四个故事**
  米凯拉:柠檬水商业女王／45

- **第五个故事**
  全红婵:慢慢练成大满贯／53

第六个故事
肯尼斯:15 岁少年为亲人而行动 / 65

第七个故事
阿里什巴·伊姆兰:科技女孩从区块链到假肢 / 77

第八个故事
山姆·奥特曼:天才要致力于建设更好的未来 / 87

第九个故事
顾伯健:"绿孔雀案"吹哨人 / 115

第十个故事
伊朗女孩:每一个都很重要 / 131

第一个故事

凯瑟琳：
亲爱的"蚊帐大使"

  5岁时候的你做过什么呢？今天的故事里，一个小女孩，从5岁起就开始帮助有需要的人，7岁时已帮助了百万非洲儿童。

  她就是凯瑟琳，出生在美国一个普通家庭，还有个小她两岁的弟弟。她的妈妈琳达是全职妈妈，爸爸安东尼是健身教练。5岁的凯瑟琳跟

1

所有 5 岁的孩子一样，上幼儿园、吃饭、读书、玩耍、看电视。

一个电视节目改变了凯瑟琳。

2006 年 4 月初，全家人一起看一部关于非洲的纪录片。你们知道非洲吗？在我们的印象里，那里多沙漠，干旱，缺水。纪录片里展示的正是非洲的沙漠地区：烈日当空，黄色的沙漠一望无际。一个男子正在干枯的杧果树下哭泣，杧果树下埋着他刚刚去世的女儿——一个只有 14 个月大的小女孩，不久前死于疟疾。小女孩的爸爸悲痛欲绝地说道："她发高烧，不停地哭，不停地吐，全身抽搐……"小女孩得的疟疾，是一种传染病，这种病的病菌会通过蚊子传播，在炎热的非洲得这种病的人尤其多。疟疾每年都会杀死 80 多万个非洲孩子，也就是说，平均每 30 秒钟就会有一个非洲小孩因为疟疾而死亡。屠呦呦就是因为研制出治疗疟疾非常有效的青蒿素而获得诺贝尔奖的。

凯瑟琳在心里默数了 30 个数，突然睁大眼睛，对妈妈说："妈妈，一个非洲孩子死了！我们必须做点儿什么！"妈妈上网查找了相关资料后，告诉凯瑟琳，有

第一个故事
凯瑟琳：亲爱的"蚊帐大使"

一种被杀虫剂泡过的蚊帐可以有效保护小孩子不被蚊虫叮咬，但是这种蚊帐对很多非洲家庭来说太贵了。小小的凯瑟琳若有所思。

几天后，妈妈发现凯瑟琳总是偷偷带午餐去幼儿园，幼儿园不是有午餐吗？然后妈妈就接到了幼儿园老师的电话，老师说凯瑟琳根本没有交幼儿园的餐费。妈妈询问凯瑟琳的时候，凯瑟琳反而问妈妈："如果我不吃幼儿园的午餐，也不再吃零食，不再买芭比娃娃和故事书，能买一顶蚊帐吗？"一切真相大白，原来她一直在为非洲的孩子做着小小的努力。看到凯瑟琳这样的决心，妈妈马上带着她去超市，花了10美元买了一顶蚊帐。

蚊帐买到了，可是怎样才能把蚊帐送给非洲儿童呢？妈妈帮凯瑟琳找到了美国慈善总会，美国慈善总会的工作人员告诉凯瑟琳的妈妈，有一个"只要蚊帐"协会，他们专门负责为非洲筹集蚊帐。这下好了，凯瑟琳可以把蚊帐送到非洲小朋友家里了。

一周后，凯瑟琳收到了"只要蚊帐"协会的表扬信："你是年龄最小的捐赠者哦！捐赠蚊帐超过10顶，还可以获得荣誉证书……"凯瑟琳收到表扬信却没高兴多久,她跟妈妈说:"我才捐了一顶蚊帐,虽然这个30秒没有孩子死去,可是下一个30秒,还是有孩子会死!"

凯瑟琳是如此善良,妈妈也被深深地触动了。可是,10顶蚊帐要100美元,也太多了。妈妈建议凯瑟琳去做义卖。

此后的每个周末,妈妈都带着凯瑟琳到跳蚤市场卖旧货和手工制品,卖东西的钱就存起来买蚊帐。为了招揽顾客,凯瑟琳在摊位上放了一个标牌:**"你买东西,我捐蚊帐!"** 她跟每一个路过的人说非洲疟疾的危害,大家也被凯瑟琳打动,纷纷购买了物品,可是售卖物品的钱还是远远不够。

凯瑟琳又想到一个好主意:发捐赠证书。人们只要捐赠一顶蚊帐的钱,就可以得到一张证书。于是,全家人都和她一起制作证书。爸爸腾出了储藏室,妈妈采购工具,弟弟则帮忙在证书上画爱心,当然还少不了凯瑟琳的亲笔签名认证。

这一招很成功,不少爱心人士纷纷解囊。凯瑟琳

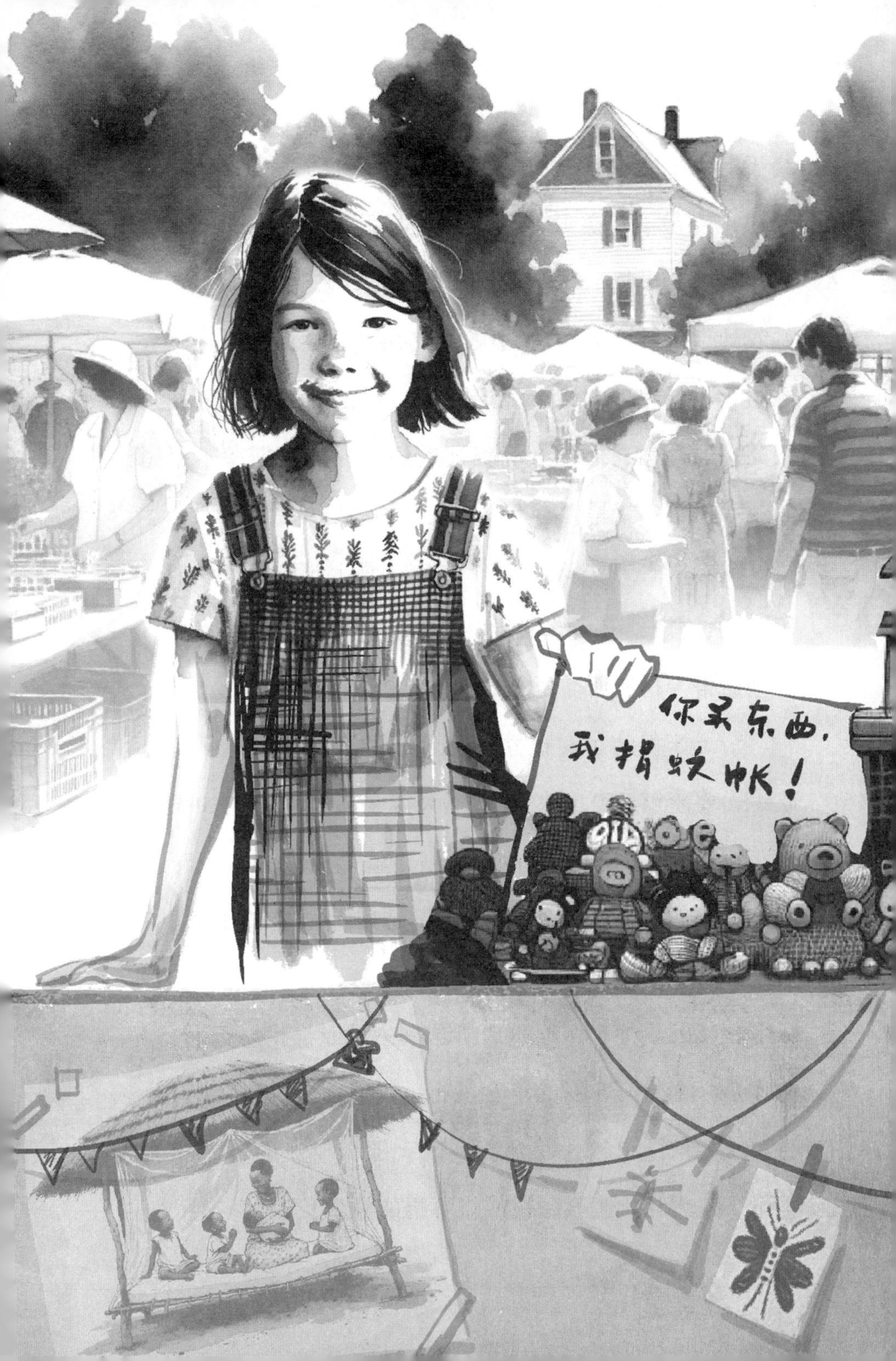
你买东西，
我捐蚊帐！

终于筹到了购买 10 顶蚊帐的钱。对一个 5 岁的小女孩来说，凑足 100 美元并不是件容易的事情。2006 年 8 月，当凯瑟琳把 100 美元汇给"只要蚊帐"协会之后，她收到了荣誉证书。"只要蚊帐"协会的乔治先生还给她写了一封，信中说："亲爱的'蚊帐大使'凯瑟琳，很高兴通知你，你的蚊帐将被送到非洲加纳斯蒂卡村庄。那里常年干旱，有 550 户人家……"

凯瑟琳看到"550"这个数字，马上想到：我只捐了 11 顶蚊帐，怎么够 550 户人家分呢？我一定要凑够加纳斯蒂卡村庄所需要的 550 顶蚊帐！

一个 5 岁的小女孩立下了这样的目标，妈妈非常吃惊，要凑够 550 顶蚊帐可不太容易了！可是，如果你正在做一件对社会有益的事情，就会有很多人来帮助你。妈妈也发现，愿意帮助凯瑟琳完成心愿的人，可不只善良的邻居们。

社区的牧师真诚地邀请凯瑟琳去教堂演讲。天啊，她才是一个只有 5 岁的小女孩啊。牧师很期待："我简直不敢相信凯瑟琳小小年纪，就有那样罕见的爱心和力量，我想让她去教堂讲蚊帐募捐的故事！"

第一个故事
凯瑟琳：亲爱的"蚊帐大使"

为了让大家更好地理解她在做的事情，凯瑟琳决定用舞台剧的形式表现非洲疟疾的肆虐。

当晚，凯瑟琳天真、善良的表演感动了很多人。演讲结束，凯瑟琳抱着募捐箱尖叫："妈妈！妈妈！我数不过来了！"5岁的凯瑟琳还不会复杂的计算。当妈妈告诉她，她收到了500多美元的捐款时，她开心得快飞起来了。

从这天起，凯瑟琳经常到不同的地方演讲。越来越多的人开始关注这个人美心善的小天使，为了帮她达成愿望，大家主动从各个地方给她寄蚊帐！凯瑟琳也不断强调："加纳斯蒂卡村庄有550户人家，他们需要550顶蚊帐……"到2007年3月28日，凯瑟琳6岁的时候，她已经募集了6316美元的善款。

"只要蚊帐"协会总部也被凯瑟琳感动，他们把凯瑟琳的募捐事迹放在了网站首页，让世界各地的人都看到这个6岁女孩的爱心和勇气。

2007年6月8日，是凯瑟琳最开心的一天，因为她收到了一封来自加纳斯蒂卡村庄的信。在信里，村里的孩子们说："谢谢你给我们的蚊帐！'只要蚊帐'

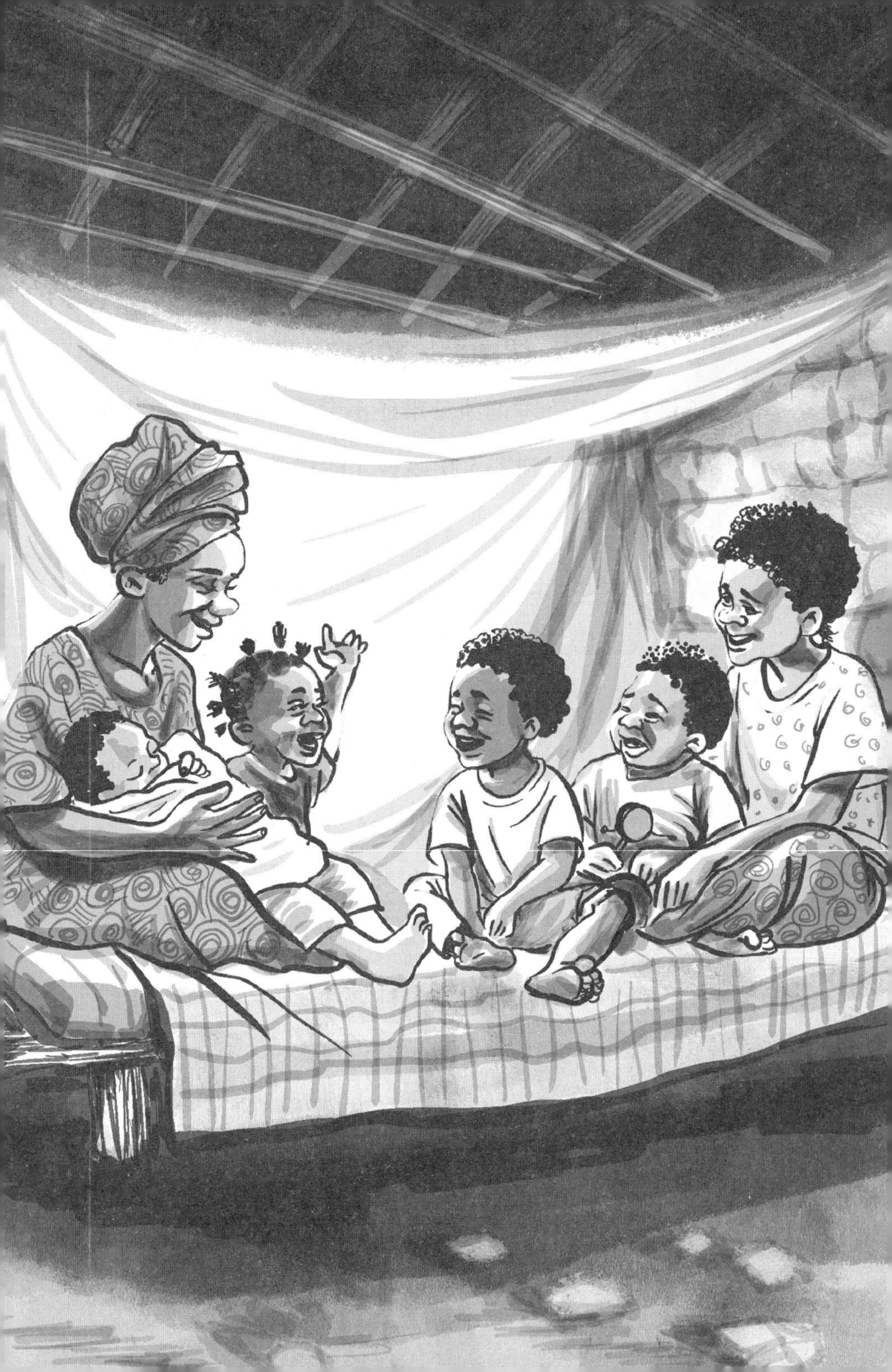

协会的叔叔给我们看了你的照片,很美……"

联合国基金会特地找到凯瑟琳,任命她为"只要蚊帐"协会的代言人,"蚊帐大使"的称号从此传开。

已经帮助了一个村子,算是圆满完成任务了吧?不,这个拥有惊人"野心"的"蚊帐大使"把募捐的目标瞄向了更多的人,特别是一些有钱人。她给比尔·盖茨寄了一张证书和一封信:"亲爱的比尔·盖茨先生,没有蚊帐,非洲的小孩会因为疟疾而死掉。**他们需要钱,可是钱在您那里……**"

凯瑟琳的行为是不是吓我们一跳?比尔·盖茨那么忙,会理一个小姑娘的求助吗?然而不久后,电视里传出了这样的消息:比尔及梅琳达·盖茨基金会为"只要蚊帐"协会捐赠了300万美元!第二天,凯瑟琳的妈妈接到了乔治先生的电话,他激动地说:"比尔及梅琳达·盖茨基金会的人说,他们通过一张证书联系到了我们,那上面好像说给非洲孩子买蚊帐的钱都在盖茨那里,他们想不拿出来也不行……"

你看到了吗?只要你朝着目标前进,梦想就会成真。

2008年，比尔·盖茨还出资筹拍了公益片《孩子救孩子》，凯瑟琳也终于有机会亲眼看一看她曾经捐助过的村子。当地的孩子在蚊帐上写上凯瑟琳的名字，而斯蒂卡村也更名为"凯瑟琳蚊帐村"！

当然，收到凯瑟琳证书的不止比尔·盖茨。凯瑟琳和好朋友们一起精心制作了上百张证书，给福布斯富豪排行榜上的每个人都寄了一张，向他们募捐！凯瑟琳还录制视频，翻译成各种语言发到网上进行号召。

美国第一届全国疟疾宣传日时，凯瑟琳受当时的总统布什邀请，到白宫演讲，并促成联合国基金会、联合国难民事务专员办事处、美国职业篮球联盟（NBA）达成协议：向坦桑尼亚、苏丹、乌干达、肯尼亚等非洲国家27处难民营的63万多难民，长期捐赠防疟疾蚊帐。而凯瑟琳本人也筹够了6万美元，可以买6000顶蚊帐——足够拯救近2万人。

想象一下，一个5岁的小女孩为买一顶蚊帐而不买布娃娃、参加义卖、到礼堂演讲，我们也许能做到；但是写信给比尔·盖茨和其他明星富豪，恐怕很多人就缺乏这种勇气。而到白宫演讲、到联合国演讲，促成为非洲国家 27 处难民营的 63 万多难民长期捐赠防疟疾蚊帐，恐怕我们更无法想象。

可是凯瑟琳做到了。

2018 年，凯瑟琳还受邀来到了中国，分享她的故事，支持中国的公益事业。

现在，凯瑟琳除了忙于学业，还常常在学校的礼堂中演讲。她让全场的孩子一起从 1 数到 30，她对孩子们说："瞧，由于你的努力，这 30 秒，无人丧生！"

古人说，勿以善小而不为。让世界变得更美好，**你，也可以**。

第二个故事

王熙乔：
高中生办了个创新高中

回想一下，从小到大，你做过的最成功的事情是什么？考了班级第一名？帮助家人或者同学解决了某个麻烦？等你高中毕业，你能做哪些事情？

有这样一位高中生，瘦瘦的，不算强壮，神奇的是：他创办了一所高中，而且是一所从来没有人办过的按照领先理念来办的创新教育高中。这是真的吗？是真的。

迷茫的初中生

2017年春节，王熙乔接到父亲的电话："你在美国过得怎么样？"王熙乔回答："我没去美国，我已经创业两年了。"

王熙乔出生在四川省绵阳市一个幸福的家庭，在一所不错的学校上学，成绩也不错。他在学习之余也有自己的时间，看看书，思考一些问题。另外父母也不怎么管他，王熙乔大部分时间都住在学校，养成了独立思考的习惯。

上了初中，喜欢思考的王熙乔对眼前的生活不满意，可是不满意归不满意，他也不知道有什么办法，有什么出路。像大多数学生一样，王熙乔每天早上七点钟上早自习，之后开始上课，一门课一门课上下来，直到晚上十点才熄灯，第二天又是这样重复的日子。一想到将来还要这样读高中，未来有五六年时间要这样度过，他就觉得无聊、迷茫。

直到有一天，王熙乔无意中听见一个同学说，家里人要把他送到国外去读高中。"*我是不是也可以去别的地方？我是不是也可以上一个不一样的学校？*"

有了这个念头后，他开始上网搜索信息。北大附中，这四个字进入了他的视野。

北大附中正在进行教育创新改革，提出要培养"个性鲜明、充满自信、敢于负责，具有思想力、领导力、创造力的杰出公民"。跟一般的学校不同，北大附中采用学院制、单元制、导师制，学生可以自由选课，还有很丰富的俱乐部活动。这不正是王熙乔向往的学校生活吗？于是，他买了车票，到北大附中面试。

北大附中的三年

北大附中的三年学校生活，对王熙乔产生了极大的影响。首先是学院的老师、课程直接促使他对很多问题进行深入思考。

一对来自美国圣约翰学院的教授夫妇在北大附中教哲学，他们通过"苏格拉底对话"方式来讨论一些重要问题。教授带学生们阅读了《柏拉图对话集》等经典著作，也讨论什么是本质、什么是爱、什么是变化等。

一般的课程会教学生基本知识、技能和解题思路，但是在哲学课堂上，大多数问题是没有标准答案的。老师的责任也并不是告诉学生答案，而是协助学生不断地思考、对话和讨论。

哲学课程的一部分是认识论，就是思考人是怎么认识世界的，有哪些认识世界的理论和方法，影响人们认识世界的因素是什么。这门课程，让王熙乔学会了从本质上思考身边的各种现象。他意识到，对于任何问题的思考，首先要理解它本质上是个什么问题。

建立起了新的思维方式后，他开始一点儿一点儿地意识到，自己现在的想法和观点是怎么一步一步形成的，而周围的人、给他建议的人，又是受什么价值观影响的。他开始有了更加独立、更加系统的思考，在解决问题时，也更能找到事物的本质。当然这个过程并不总是圆满顺利的，老师也会帮助他发现自己对话、思考时存在的逻辑问题，这能更好地帮助他发展逻辑和思维能力。

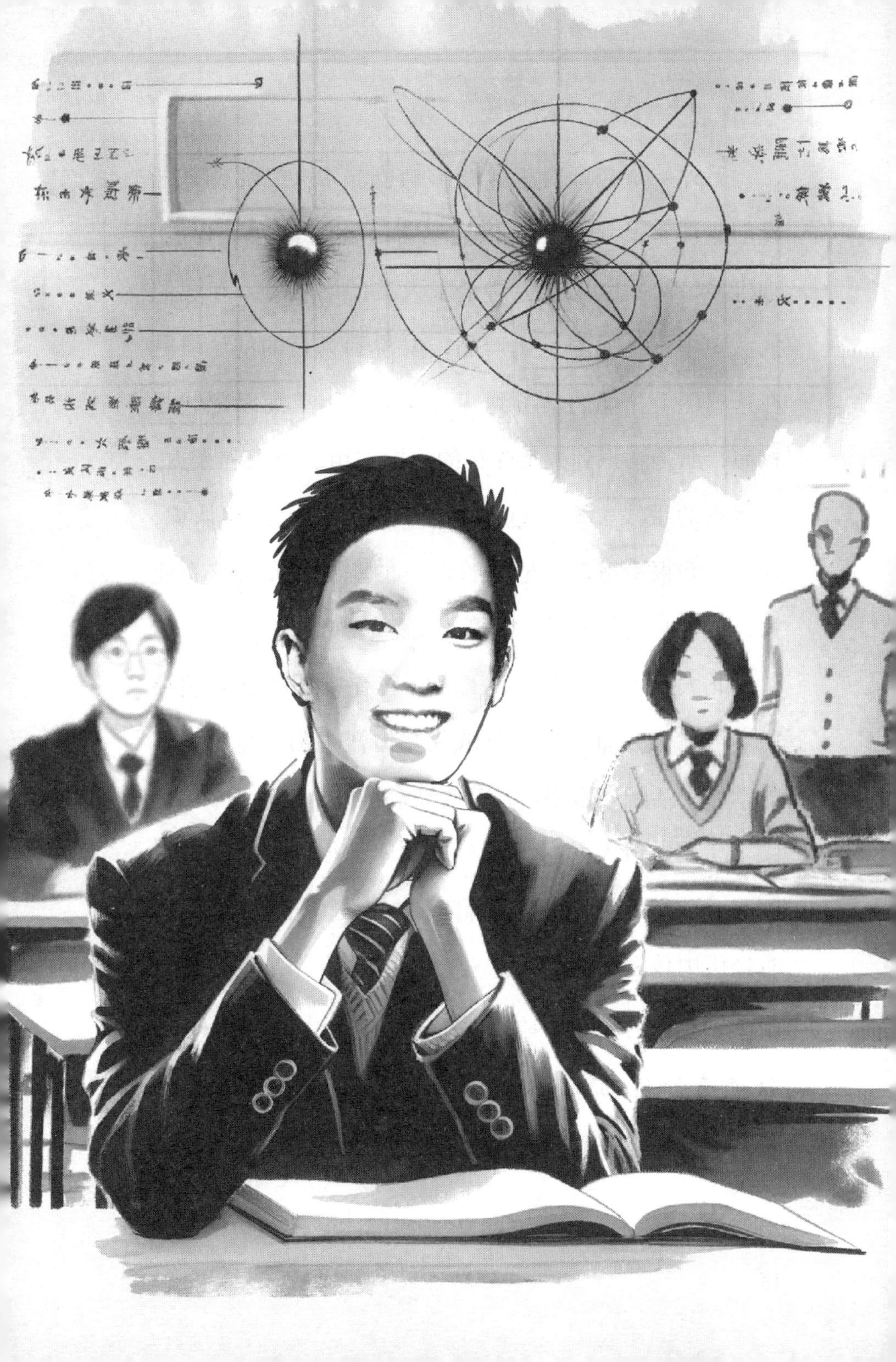

另外一位老师对王熙乔影响也非常大，那就是开设创业课程的张璐鸥。他们经常一起讨论人工智能、脑机接口、基因工程会对未来人类的影响等。在我们的认知中，企业家是卖产品，以盈利为目的的。但是在这门课上，他们学习到，企业家并不单纯以赚钱为核心，而是意识到人类存在的问题，组织资源和人力，以商业的手段去解决这些问题。这样的定义和认识，让王熙乔很受触动。他开始以一种新的眼光看待企业家，也在心里种下了一颗等待发芽的种子。

北大附中的三年里，王熙乔曾在中国科学院超导所实习，也参加了重金属乐队并担任主唱。高中三年的学习生活既丰富多彩，又收获满满。

高三申请大学时，他对未来还是很迷茫，于是找到张璐鸥老师。张璐鸥老师问："你认为自己之前的所有经历中什么东西最有价值？"王熙乔回答："到北大附中后获得的教育体验。"张璐鸥老师说：**"把你觉得最有价值的东西分享给更多人，会不会是一个很好的方式？"**

第二个故事
王熙乔：高中生办了个创新高中

快闪 "登月舱"

拿到南加州大学的录取通知书后，王熙乔还有半年的时间才高中毕业，他开始尝试自己做教育。北大附中的王铮校长同意他留在北大附中，以活动指导老师的身份工作。

一天，有投资教育情怀的王建利博士访问北大附中，当时的北大附中校长的王铮推荐王熙乔陪同接访。除了聊北大附中，两人也聊到其他教育与自我成长的话题。王熙乔感到忧虑，"未来人很难与机器竞争"。但是王建利的态度是乐观的，他认为人的潜力尚未被充分挖掘。比如，"激光在宇宙间不存在，纯粹是人类基于爱因斯坦的理论创造出来的"。王建利向王熙乔提议："为什么不为人的成长创造一个激光器呢？你来做，我来支持你。"

王铮校长也欣然批给他们一笔经费，将南楼改造成一个创客空间，装了不少硬件设备。这就是王熙乔的创业基地，也是未来的探月学院的校址。

王熙乔组建了一支20人的创业团队，开始了他的创业之路，这20人的平均年龄不到25岁。

他们先是从最初的兴趣出发，开发了一系列兴趣课程，供学生选修。但他们并不满足于这些课程仅供北大附中的学生使用，于是建造了一个叫"登月舱"的装置，用创客空间的方式把方案做成课外兴趣班产品，然后把方案输出到感兴趣的学校。方案在几个高中学校落地，他们办了几次"快闪"，但是也面临一系列问题，项目发展遇到瓶颈，最终不得不放弃。登月舱的团队解散，只有4人留了下来。经过一系列的思考和调整，王熙乔和3名伙伴建立了新的目标：创办一所真正的创新学校。

"20世纪60年代，人类第一次登上月球。探月背后蕴含着人类对于未知最本质的好奇与探索，对于梦想最坚定不移的行动力。正是因为对这种精神的珍视，我们将这样一所面向未来的学校，命名为探月……"王熙乔说。

在原来的场地上，探月学院开始运营，先导内容是名为"探月学院选修课"的项目，八周课程收费890元/人。

探月学院

虽然他们在创新高中感受到了创新教育的影响，但是要自己办一所学校，并不是那么容易的。投资人带着王熙乔在美国考察，与众多教育创新者进行了交流。

慢慢地，探月学院的雏形出来了。培养目标、教学体系、招生目标都逐步形成了。不，他们不叫招生，而是叫互相寻找。"我们只是找到那些正在寻找我们的人，说白了就是相互吸引。"

2018 年 8 月 25 日，39 名新生参加了开学典礼，不是操场上的开学典礼，不是礼堂里的开学典礼，而是趴在帐篷里给未来的自己写信。

设立之初，这所学校很理想化。探月学院没有毕业标准，你想学几年都行（当然你得交学费），你觉得自己可以毕业就毕业了。在这里，学生被称为学习者，而老师被称作守护者。

探月学院的老师都是谁呢？他们来自各行各业：有教育学博士、科技公司的工程师、大企业的人力资源发展专家、国内外的一线教育者等。有的陪着朋友

探月学院
MOONSHOT ACADEMY

来面试，结果自己一激动就跳上台分享；有的发出简历后，立马打包从美国回来。大家怀着对教育的热情，共同组建了探月大家庭。

探月学院要培养什么样的人呢？

首先是内心丰盈的个体。对自我的行为、认知、态度、情感等具有清晰的觉察，并能够坦诚面对且不带评判；能够将所有的挫折及其他经历都当作成长的养料，拥有面对一切未知的自我效能；基于持续不断的学习，既可以深入地建构自我意义，也能够开放地对待每一个当下。

其次是积极行动的公民。具备万物一体的系统观，拥有对其他个体及生命的强大同理能力；能够基于严谨的认知能力，解析文明的演变过程及现存挑战，设计应对挑战的方案；能够基于强大的协作与组织能力，推动不同背景的群体共同解决复杂问题。

探月曾经面临的挑战

探月学院并不仅仅做一所学校，你也许猜到了，他们要建很多个这样的学校。这是他们曾经的想法，现在，他们不这样想了，他们想要将自己的课程标准、学校运营方法做成系统的方案，供整个教育行业使用。他们要改变的，是整个教育生态！

然而，不是每件事都像看上去这么顺利完美。第一届学校共建会上，一些家长的讨论和质疑，给王熙乔带来了巨大的压力。"那个时候，我很害怕。"恰巧他又得了流感，躺在床上，虚弱的身体让他更加质疑自己。后来，他决定和共建会十几位家长来一次真诚的沟通。

于是，所有家长一起闭上眼睛，回想当自己怀抱着新生婴儿时，心中的愿望是什么？回到初心，回到一切事物的原点，才让我们拨开眼前的迷雾，看清事物的本真面貌，才让我们更加坚定眼前的路该走向何方。所有人都泪流满面，由此也达成了很多共识。

2023年申请季结束时，55位毕业生收获了来自118所知名高校的241封大学录取信，收到超过513万美金的助学金和奖学金；更令人惊讶的是：有10位毕业生选择休学一年，有人去县城中学做公益教育，有人去新疆无人区体验毫无兜底的人生，还有人决定直接创业……探月学校尊重并支持每一个学生对自己人生的思考，以及就此做出的选择……

阿波罗登上了月球，他的一小步，却是人类的一大步。

你长大了想做什么？不如我们一起"探月"。

注：2024年1月，作者探访了探月学校，它已发展成包括小学、初中、高中一体的12年制学校。

第三个故事

马拉拉：

最小的诺贝尔奖获得者

翻开这本书的你，也许正坐在明亮的教室里，在藏书颇丰的图书馆里，在整洁的宿舍里，或者在温暖的客厅里。而有一个女孩，她在博客中写道："我害怕去上学，因为他们发布了禁令，禁止所有女孩上学。我们班上有 27 人，只来了 11 人。我的 3 个朋友被迫搬到了白沙瓦、

27

拉合尔和拉瓦尔品第。上学路上,我听到一个男人喊道'我要杀了你'。我立刻加快脚步,走过去之后才敢回头。结果他是在打电话,肯定是在威胁电话那头的人。"

这个故事的主角马拉拉,是迄今为止,年龄最小的诺贝尔奖获得者。她是因为积极争取上学的权利,从而获得了诺贝尔和平奖。

童 年

1997年7月12日,马拉拉出生在巴基斯坦的一个山谷里,村子的两边是陡峭的高山,中间平坦的地方极为狭窄。但这里也仿佛是世外桃源,山谷两边的梯田里种着胡萝卜、核桃树,到处都是绿油油的庄稼和树木。山谷里有大大小小的河流,河边有水牛、水车以及水磨坊。早晨,阳光从雪山顶上反射回来;中午,白色的高山沐浴在金色的阳光下;晚上,火红的太阳隐没在雪山后面。

马拉拉在美丽的山谷度过了快乐的童年时光。

马拉拉的爸爸很重视教育,他大学毕业以后,先是在一所私立大学教英文，后来对学校的严格控制感到失望，决定和朋友开办一所自己的学校，希望能开创自由的风气，鼓励学生独立思考。他们先是开办了一所英文培训学校，失败后，他们又开办了一所全日制学校。这所学校开始时只有三名学生，收入不够支付日常维持费用，马拉拉的母亲卖掉了自己的手镯，来支持学校的发展。等到马拉拉出生的时候，父亲的学校已经有五六位教师，近百名学生了。

马拉拉觉得，学校就像她的游乐场。还不会讲话的时候，她就摇摇晃晃地闯进教室，咿呀地说话，模仿讲台上的老师。到了三四岁的时候，马拉拉就被安排进一年级，那里的学生可都比她大。爸爸对这个在学校里长大的孩子寄予厚望，总是说："马拉拉会像只小鸟一般自由。"

禁止上学

马拉拉爸爸的学校继续扩大，后来发展到了高中，男生和女生同校的高中。但是这样的做法，引起一些宗教人士的不满，他们认为，男生和女生不能在同一个学校上学，而马拉拉的爸爸更应该禁止女生上学。

后来情形越来越坏，宗教人士利用电台宣传，加强对女孩的精神控制。比如"某某村的五年级女孩不去上学了，她是个好孩子，我们恭喜她"。而那些仍然上学的女孩们，则被称为"野牛"和"野羊"。后来马拉拉爸爸的学校甚至收到了恐吓信："你让女孩上学，且校服也不符合伊斯兰教义，你需要立即停止你的恶行，否则你是在给自己找麻烦。"爸爸没有办法，把学生们的校服做了调整，女孩们戴上了长长的头巾，特别是在走出校门的时候，要严严实实地遮好。

马拉拉生活的山谷地区开始动荡不安。各方势力不断交火。曾两度出任巴基斯坦总理的贝·布托女士准备再次参加总理竞选。马拉拉听到这个消息大为兴奋，因为贝·布托一直激励女孩们发表自己的观点，为女性争取话语权。马拉拉一直视她为偶像，梦想着自己长大了也能成为一个政治家。不幸的是，贝·布托在一次演讲时被刺杀了。那些反对女孩上学的组织，开始趁夜间学校无人的时候，轰炸学校。

后来，政府要求所有的女子学校必须关闭，马拉

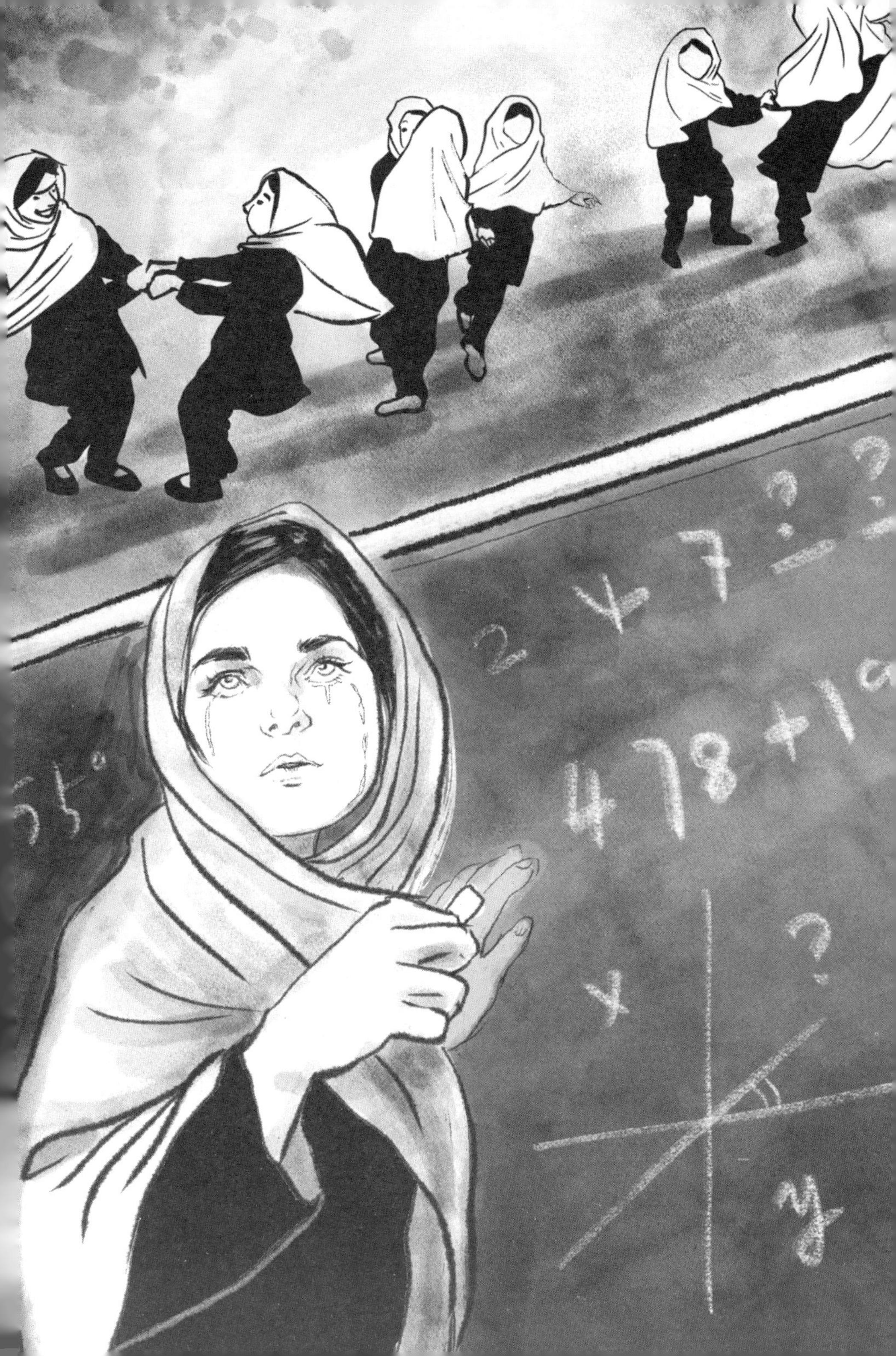

拉爸爸的学校也不例外。学校关闭的最后一天，马拉拉和同学们在学校里奔跑、玩耍、唱歌，直到最后一刻。回到家里，马拉拉哭了又哭。11岁的她，觉得失去了一切。她无法理解为什么上学这件事会变得如此十恶不赦。

"为什么他们不让女孩子去上学？"马拉拉问爸爸。

"因为他们惧怕文字的力量。" 爸爸回答。

一天，马拉拉接受了电视台的采访。媒体希望采访一个小女孩，听听女孩的心声。但一般的女孩心存恐惧，就算她们不怕，她们的父母也不允许她们接受采访。而马拉拉有一位无畏的父亲，他说："你是一个孩子，但是，你有自己说话的权利。"

此后，马拉拉频繁接受采访，向人们诉说自己的愿望："他们可以阻止我们上学，但是无法阻止我们学习。"马拉拉接受的访问越多，就越无惧，获得的支持就越来越多。一个11岁的小女孩，在为自己的权益呼吁，为了女孩们的权益呼吁。她这么勇敢，原因在于她坚信自己做的是一件正确的事，她相信学校会重新授课。

逃 难

他们生活的山谷越来越混乱,战火蔓延到了这里,他们不得不离开。街道上到处都是逃离的人们,汽车、骡马车、人力车,满载着行李。还有成千上万的人,只能背着行李,步行前进。那段时间,200万人住进了难民营。

马拉拉一家逃难到了舅舅家,幸运的是,在这里她能够跟着表姐一起上学。但是村里大部分女孩都不上学,马拉拉所在的班,只有三个女孩,跟其他女孩不同的是,马拉拉总是勇敢地问问题,跟老师们聊天和讨论。有一天,学校举办家长日,所有的男孩都上台,在家长面前发表演讲。女孩虽然也可以演讲,但不能站于人前,只能待在教室里,声音从扩音器里传给外面的家长。马拉拉不满于这个奇怪的现象,她之前早已经习惯在很多人面前发表演讲,所以她勇敢地走向讲台,朗诵了诗歌。你可以想象,台下听众惊讶的样子。

搬家,搬家,搬家,两个月里他们搬了四次家,住过四个村子。

后来，打仗的各方达成了停战协议，马拉拉他们终于回到山谷里自己的家。山谷里，一片废墟：被炸毁的房屋，残留的建筑物墙上到处是枪击的洞，被烧毁的车辆，散落的招牌……可是马拉拉的宝贝都还在，数学、物理、英语、化学、生物、乌尔都语的书本都在，学校还在。秋天，这里又迎来了新生。

还有一件令人兴奋的事情：一位来自巴基斯坦的斯坦福大学毕业生西沙，邀请马拉拉班上的女生去首都游学，参观游览并且参加研讨会。27名女生踏上了这次新奇之旅。她们游览公园、参加音乐会、看戏剧、上美术课，见到了许多杰出的女性律师、医生、政治家等，甚至还与将军见面并进行了会谈。

马拉拉和她身边女孩们的遭遇传播出去之后，她获得了更多人的帮助。不少人给她现金资助，某省的部长奖励她50万卢比，他们用这些钱，建了化学实验室和图书馆。马拉拉最想做的，是成立一个教育基金会，帮助每一个想上学的女孩，特别是那些因为贫穷而不能上学的女孩。马拉拉还获得了第一届"国家和平奖"，这个奖每年颁发一次，只颁发给18岁以下的青少年,并且命名为"马拉拉奖"。妈妈对这个奖感到担忧,她说:"我不要什么奖,我只要我的女儿。"

"谁是马拉拉?"

2012年10月9日,马拉拉考完试回家的路上,一个蒙面枪手跳上了她乘坐的校车。"谁是马拉拉?"在认出她之后,枪手朝她开枪射击。子弹打中了马拉拉的头。车上还有另外两个女孩也受了伤。

马拉拉被直升机空运到白沙瓦的一家军队医院,经过五个小时的手术才取出了子弹。马拉拉受伤的消息,立即传开了,许多医院都愿意为这个勇敢的女孩提供治疗。后来,巴基斯坦政府为她承担医疗费用,将她转送到英国的医院。经过复杂的手术和艰难的康复,马拉拉转危为安。她还躺在重症监护室的时候,她的故事就已经传遍了全球。

2013年7月12日,也就是马拉拉16岁生日那天,也是她在遭枪击后第一次露面,她身披一件贝·布托曾使用过的披巾,在联合国发表了演讲。她在演讲中说道:"亲爱的兄弟姐妹们,我不反对任何人。我也不

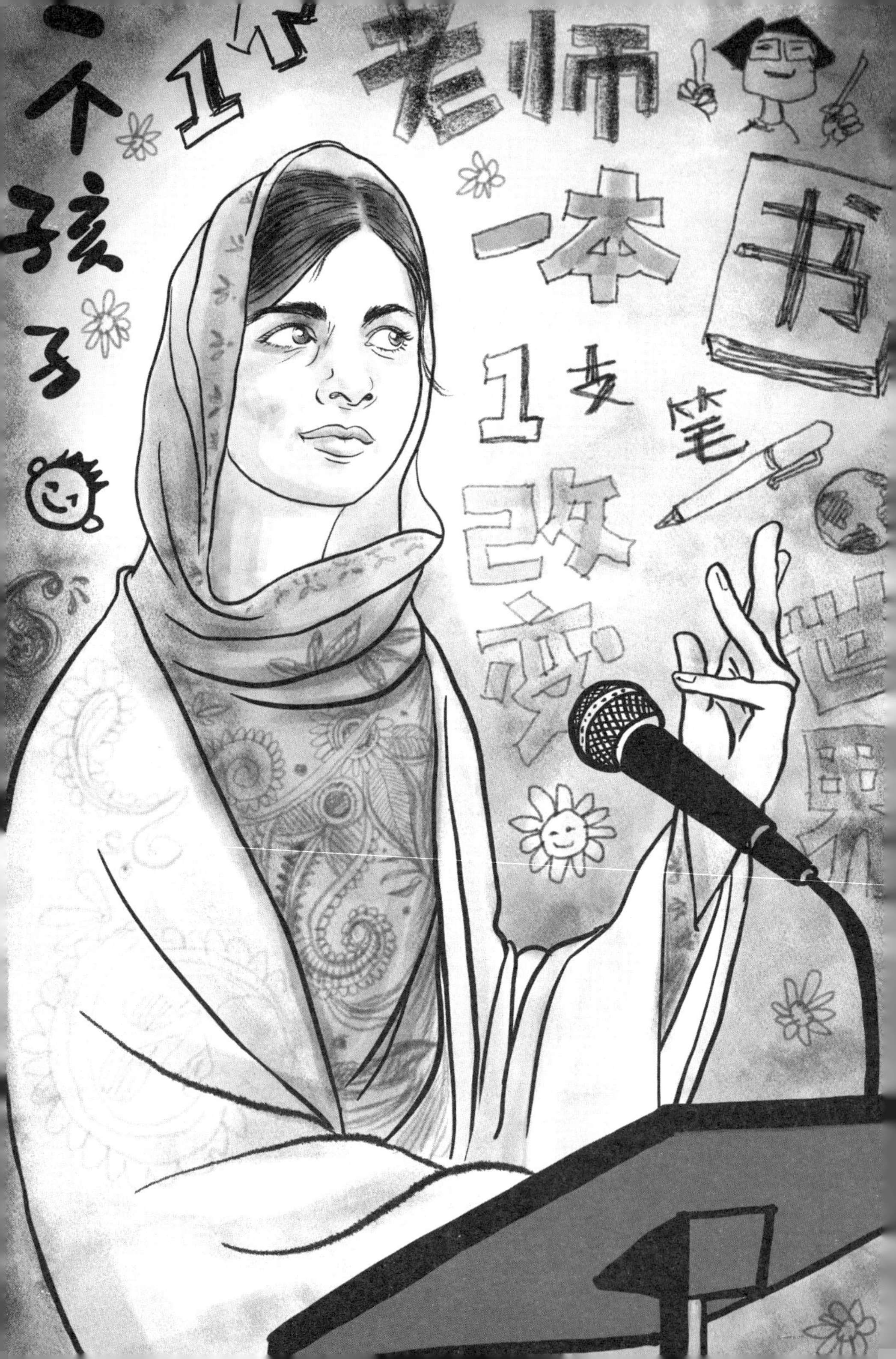
一个孩子
1个老师
一本书
1支笔
改变

是为了报仇而在这里演讲。我来到这里，是为了给所有孩子争取接受教育的权利。我希望，所有恐怖分子和极端分子的孩子，也都能接受教育……让我们拾起我们的课本和笔，它们才是威力最强大的武器。**一个孩子、一位教师、一本书和一支笔，就可以改变这个世界。**"

马拉拉同父亲一起创办了"马拉拉基金会"，目的是让公众认识到女童受教育对社会和经济的影响，并增强女童权能，以此带来变革。"我的爸爸这样说过：如果你不将她们的翅膀捆绑起来，她们就可以展翅飞翔，去实现自己的梦想。因此男子必须站出来，向妇女提供支持。"著名女影星安吉丽娜·朱莉向马拉拉基金会捐赠了 20 万美元，用于推动女童教育事业的发展。

为了表彰马拉拉的英雄事迹，帮助人们提高对女童接受教育的重要性的认识，推动世界更多女童接受教育，联合国于 2012 年将每年的 7 月 12 日定为"马拉拉日"。2014 年 10 月 10 日，诺贝尔委员会宣布，将当年的诺贝尔和平奖颁给马拉拉，她是迄今为止最年轻的诺贝尔奖获得者。

尽管获得了各种荣誉，但这一切并没有改变马拉拉的人生目标："人生只有70年或80年的时间，我们为什么不让它变得更有意义呢？为什么不去从事致力于帮助人类和世界的服务？我想尽可能多地去帮助女童，确保她们获得高质量的教育，并实现自己的梦想。"

"我讲出自己的故事，并不是因为我很独特，而是因为这是许许多多女孩的遭遇。"马拉拉如是说。

附文：

马拉拉演讲（节选）

尊敬的联合国秘书长潘基文先生，尊敬的（联合国）大会主席耶雷米奇先生，尊敬的联合国全球教育特使戈登·布朗先生，尊敬的长辈和我亲爱的兄弟姐妹们：

祝愿你们平安。

继一段漫长时日之后，今日我很荣幸能再次发言。能在此与诸位可敬的人聚集在一起是我生命中重要的时刻，我也很荣幸能在今日穿戴已故贝·布托的披肩。我不知道该从哪儿开始我的演讲，我不知道人们会期望我说些什么。但首先，感谢每一位为我祷告冀望我快速康复和开始新生活的人。我无法相信人们向我展现出如此多的爱。我收到了来自世界各地的数千份问候卡和礼物。感谢所有人。感谢孩子们，他们天真的话语鼓励了我。感谢长辈们，他们的祈祷让我变得更坚强。还要感谢在巴基斯坦、英国和阿联酋政府的医院里照顾我、帮助我恢复健康和重获力量的护士、医生和职员。

亲爱的兄弟姐妹们，请记得一件事："马拉拉日"不是属于我的日子，而是属于曾为自己的权利说话的每一位女性，每一位男孩和每一位女孩。

数以百计的人权活动家和社会工作者不仅为自己的权利发声，同时也努力去实现和平、教育与平等之自我目标。成千上万的人被恐怖分子杀害，数百万人因此而受伤，我只是其中之一。为此我站在这里，一个女孩，于人群之间。我不是为自己说话，而是为那些无法让人听到他们声音的人说话。那些为自己的权利抗争的人，他们能和平居住的权利，他们能受到有尊严地对待的权利，他们能享有平等机会的权利，他们能接受教育的权利。

亲爱的朋友，2012年10月9日，恐怖分子往我的左额开枪，他们也射向我的朋友。他们以为子弹会让我们沉默，但他们失败了，沉默中响起了成千上万的声音。恐怖分子以为他们能够改变我的目标，阻止我的理想。但是我的生活没有任何改变，除了已逝去的懦弱、恐惧与无助，坚定、力量与勇气诞生了。我还

第三个故事
马拉拉：最小的诺贝尔奖获得者

是同一个马拉拉,我的理想依旧,我的希望如故,我的梦想不变。亲爱的兄弟姐妹们,我不反对任何人。我也不是为了报仇而在这里演讲。我来到这里,是为了给所有的孩子争取接受教育的权利。我希望,所有恐怖分子和极端分子的孩子也都能接受教育。我甚至不怨恨射杀我的恐怖分子。

即使我手上有支枪而他站在我面前,我也不会射杀他。这是我从穆罕默德先知、耶稣和佛陀身上学得的慈悲。这是我从马丁·路德·金、纳尔逊·曼德拉和穆罕默德·阿里·真纳身上学得的变革之遗产。这是我从甘地、帕夏汗和特蕾莎修女身上学得的非暴力哲学。这是我从父母身上学得的宽恕。这是我的灵魂告诉我的:爱好和平,爱每一个人。

亲爱的兄弟姐妹们,看到黑暗,我们认识到光明的重要;在沉默中,我们认识到声音的重要。同样的,在巴基斯坦北部的斯瓦特,当我们见到枪械时我们认识到笔与书本的重要。"笔比剑锋"这一睿语如是说。确实如此,极端主义者害怕书与笔,他们害怕教育的力量，他们害怕女性，他们害怕女性声音的力量。这就是为什么在最近于奎塔达的侵袭中他们杀害 14 名无辜学生，这也是为什么他们杀害女教师，这也是为什么他们炸毁学校，因为他们从过去到现在一直都害怕我们能为社会带来的改变与平等。我记得学校里有一个小男孩，记者问他："为什么他们反对教育？"他指着自己的书本简单地回答："他们不知道这书里写着什么。"

今天，我关注女性权益和女童教育，因为她们承受了最多的苦难。以前，女性活动家会要求男性为她们争取权益。但这次，我们为自己争取权益。我不是在告诉男性不需再为女性权益发声了，我是在关注女性的自主独立并为她们抗争。那么，亲爱的兄弟姐妹们，现在是为自己说话的时候了。今天，我们呼吁世界各国领袖改变他们的政策方针以支持和平与繁荣；我们呼吁各国领袖所签协议必须保护女性与儿童的权益，违背妇女权益的协议是不可接受的。我们呼吁所有政府确保每一位儿童能接受免费和义务的教育；我们呼吁所有政府对抗恐怖主义与暴力，保护儿童让他们免于暴行与伤害；我们呼吁先进国家支持并扩展女童在发展中国家接受教育的机会；我们呼吁所有社区心怀宽容，拒绝基于种姓、教义、派系、肤色、宗教或议程的偏见，确保女性的自由和平等，让她们茁壮成长。若我们中的一半人遭到阻碍，我们将无法彻底取得成功。我们呼吁处在世界各地的姐妹们勇敢起来，去拥抱内心的力量，去实现最大的潜能。

亲爱的兄弟姐妹们，为了每个孩子的璀璨未来，我们需要学校和教育。我们会继续前进，向和平与教育的目的地前进，没有任何人可以阻止我们。我们会为自己争取权益，我们会为自己带来改变。我们相信来自我们话语的力量。我们的话语可以改变全世界——因为我们众志成城，为教育事业团结奋斗。如果我们要实现目标，那么让我们利用知识这一武器自我激励，让我们通过团结与友爱自我保护。

亲爱的兄弟姐妹们，我们不可忘记数以百万计的人在贫困、不公与无知中遭受苦难；我们不可忘记数以百万计的失学儿童;我们不可忘记我们的兄弟姐妹们在等待一个璀璨与和平的未来。

那么,让我们开展一场对抗文盲、贫困和恐怖主义的壮丽抗争,让我们捡起我们的课本和笔,它们才是威力最强大的武器。一个孩子、一位教师、一本书和一支笔,就可以改变这个世界。教育是唯一的答案。教育为先。

谢谢大家。

第四个故事

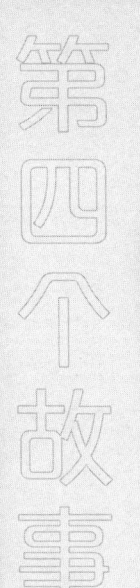

米凯拉：

柠檬水商业女王

你能想象吗？一个4岁的小女孩，从一杯柠檬水开始，创建了自己的企业。到12岁时，她自创的产品遍销全美各地，因此受邀参加美国女性峰会演讲，并影响美国政府为保育蜜蜂投入5000万美元，她就是米凯拉。

你，也可以
——影响世界的青少年榜样

被蜜蜂蜇了一下

米凯拉来自美国奥斯汀市。2008年的暑假，4岁的米凯拉被一只蜜蜂蜇了。没想到，不到一个星期，她又被蜇了一次！简直太倒霉了吧，米凯拉开始害怕蜜蜂，见到蜜蜂就双腿发软。

为了让女儿克服对蜜蜂的恐惧，妈妈打算带米凯拉研究一下：蜜蜂为什么会蜇人？蜜蜂每天忙碌地飞来飞去，它们在干什么？它们对人类和环境有什么贡献吗？了解它，才会消除自己的恐惧。

妈妈带着米凯拉查《百科全书》，上网查资料，经过搜索和了解，米凯拉惊讶地发现，蜇人的蜜蜂，不仅不是"害虫"，还是人类的好朋友：蜜蜂忙忙碌碌在花丛间采集花粉，酿造蜂蜜，可以帮助植物传粉，这样植物才能长出果实和种子。不仅如此，她还了解到，目前，蜜蜂遇到了前所未有的生存困境：数量锐减，并直接影响了农产品的产量。很多农田要雇佣"蜜蜂人"进行人工授粉。要知道，全世界85%的农作物依赖蜜蜂授粉，如果蜜蜂灭绝，粮食将会大量减少。

米凯拉：柠檬水商业女王

柠檬水日

有一天，米凯拉要参加当地柠檬水日，她计划摆摊卖柠檬水。柠檬水是一种常见的饮料，通常是将柠檬切片，浸泡在白水里。人们可以自己制作柠檬水，也可以在超市买到各种品牌、各种口味的柠檬水。

正当米凯拉思考商业计划的时候，她的曾祖母给她一本旧的食谱，里面记录了亚麻籽柠檬水的特殊配方。米凯拉灵机一动：曾祖母的配方很好，**能不能借此机会帮助蜜蜂呢**？

米凯拉想到了一个好主意：她要在柠檬水中加入蜂蜜，并将这种柠檬水命名为"甜蜜柠檬水"。然而，妈妈告诉米凯拉，已经有人用了这个名字。米凯拉不得不换一个名称，经过几番思考，她把柠檬水定名为"我和蜜蜂柠檬水"。这不但是柠檬水的名字，还加上了米凯拉自己的行动，因为销售得来的一部分钱，被用来帮助拯救蜜蜂。

米凯拉很会推销，她把自己打扮成一个"蜜蜂小公主"，还立了一块广告牌：买一瓶"我和蜜蜂柠檬水"，拯救一只蜜蜂。人们被她的装扮和广告牌吸引，

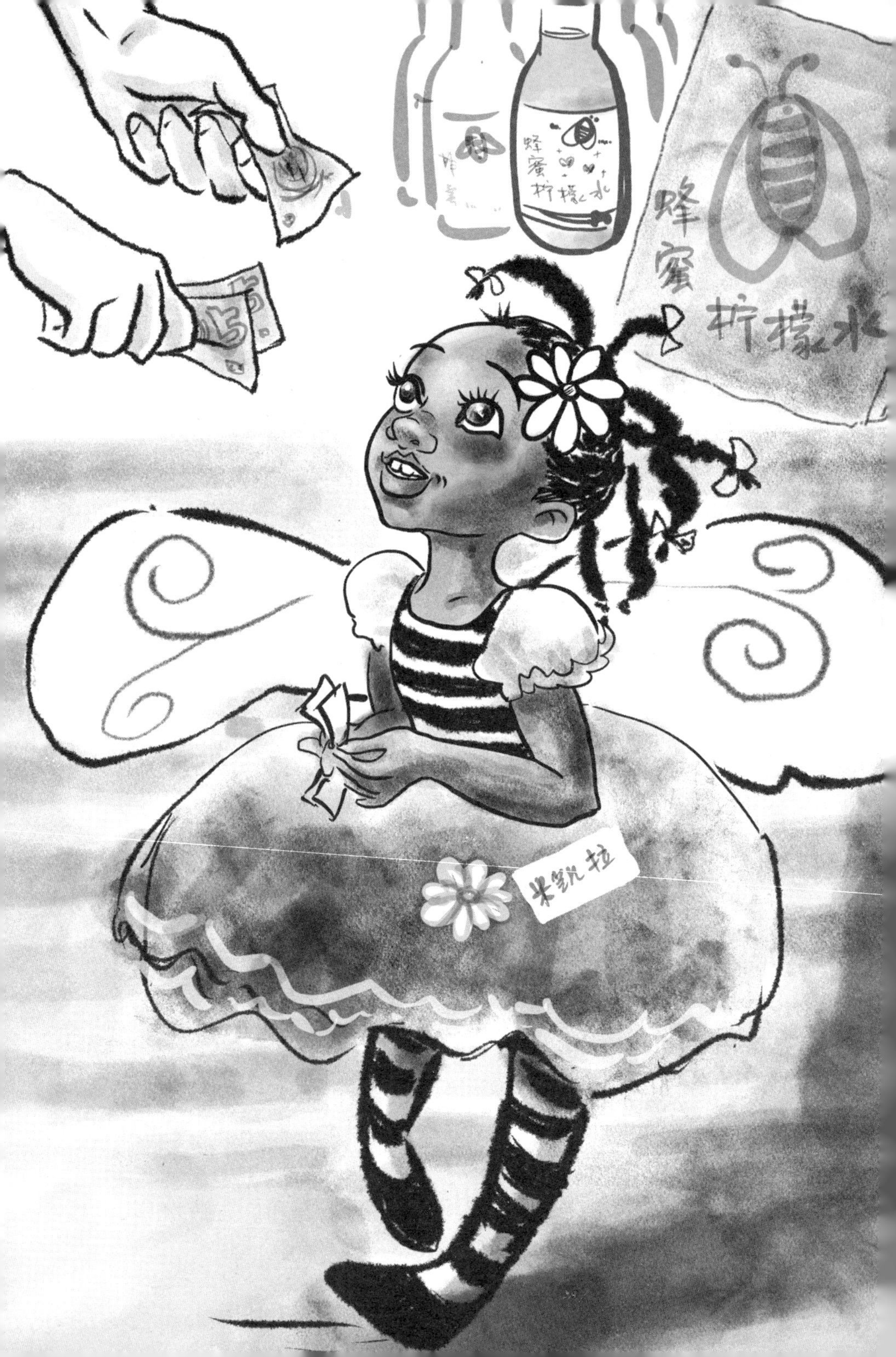
蜂蜜
柠檬水
蜂蜜
柠檬水
米凯拉

尝过之后发现味道也很好，于是纷纷解囊购买"我和蜜蜂柠檬水"。

自己的创意产品这么成功，米凯拉自然是乐坏了。后来，她一有机会就参加各种活动，不停地推广自己的饮料。

家里人并没有觉得这是小孩子的游戏，全家人都非常支持米凯拉。爸爸妈妈会经常指导她，如何把摊位设计得更有趣、海报做得更漂亮，怎样选择更好的销售位置，要不要改良配方等。当然，爸爸妈妈只担任助手，最后的决定都是米凯拉来做。

两年后，米凯拉参加了美国柠檬水节。这一次，她拿下了"最佳创意奖"！

好消息接连不断。几个月后，当地的一家比萨店看中了"我和蜜蜂柠檬水"，决定引进餐厅。收到这样的大订单后，全家人一起帮忙，连读幼儿园的弟弟也帮忙拍照。米凯拉在爸爸妈妈的帮助下，积极投入所有的环节中，甚至还参与了蜜蜂养殖。

获得投资

米凯拉的"我和蜜蜂柠檬水"获得越来越多人的喜爱和关注。2013年,美国最大的天然食品公司主动请求合作,希望米凯拉能为超市稳定供应"我和蜜蜂柠檬水"。这可不是卖几百杯、几千杯的业务量。要生产这么多柠檬水,需要购买很多的柠檬、包装瓶,需要储藏空间,需要雇佣更多的工人,需要运输费用等。这需要很大一笔钱。

米凯拉尝试自己寻找投资人! 她和爸爸一起穿上蜜蜂色的衣服,参加了美国著名的创业真人秀节目。米凯拉介绍了自己做蜜蜂柠檬水的项目、过去取得的成功,并且自信地说出"卖一瓶柠檬水,拯救一只蜜蜂"的广告语。

一位投资人当场就投资6万美元,买下了公司25%的股权。他说:"'我和蜂蜜柠檬水'这种让顾客更健康、让环境更美好、让养蜂人生存得更好的共赢模式,是我最欣赏的。"

在超市上架后,顾客蜂拥而至。米凯拉也经常在课余时间亲自来到超市进行促销。到了2016年,"我

蜂蜜柠檬水

和蜜蜂柠檬水"销售额大涨231%！她也受邀去白宫担任名人厨师，现场制作招牌柠檬水，并参加美国的女性峰会，分享自己一路艰辛的创业史。

米凯拉18岁的时候，她的产品已经在全美1800家商店销售。

现在的米凯拉依然忙碌着，要么是忙于分享她作为一个社会企业家的故事，要么是参加关于如何拯救蜜蜂的研讨会，要么是参加公益创业小组讨论。她也一直坚持把赚到的钱拿出20%捐给蜜蜂保护、资助饥饿儿童的组织等。米凯拉说：**"给世界带来改变，感觉真好。"**

不止如此，米凯拉还出版了《无畏的蜜蜂：梦想像一个孩子》一书。该书讲述了她作为一个社会企业家的冒险经历，以及她领导的一个以目标为导向的品牌，旨在提供优质的纯天然柠檬水，以帮助拯救蜜蜂。

如果你想做成一件事，米凯拉给你的建议是："**像孩子一样有梦想**。因为孩子们是无所畏惧的，他们会做任何需要做的事情，来实现自己的梦想。"

第五个故事

全红婵：
慢慢练成大满贯

2021年8月5日，东京奥运会跳水比赛现场，有个小姑娘在全部5个比赛动作中3个动作获得满分，最终以近乎完美的成绩获得金牌，她就是全红婵。那时候她只有14岁，是中国奥运历史上最年轻的金牌获得者。

14岁的少年，不过是初二的学生，而全红

婵已经是世界冠军了,她是怎么做到呢?

7岁入选专业体校

2014年5月,广东省湛江市麻章镇的迈合小学操场上,一年级学生全红婵正在上体育课。她干净利落的动作、弹跳力和爆发力,吸引了来学校挑选运动员的跳水教练陈华明的目光。

学生们进行了弹跳和柔韧性方面的测试后,陈华明初选了几个身体条件比较好的苗子,其中就有全红婵。

美国著名发展心理学家、哈佛大学教授霍华德·加德纳博士的多元智能理论中,就包括身体运动智能。是否能在专业竞赛中取得好成绩,身体运动智能起着重要的影响作用,当然这不是唯一的决定因素。

"跳下去的感觉很爽"

4个月后,全红婵来到了湛江市体校,成为一名跳水专业学员。刚去时,她还是个"旱鸭子",不过很快就学会了游泳,又喜欢上了跳水。"*跳下去的感觉很爽。*"她这样说道。

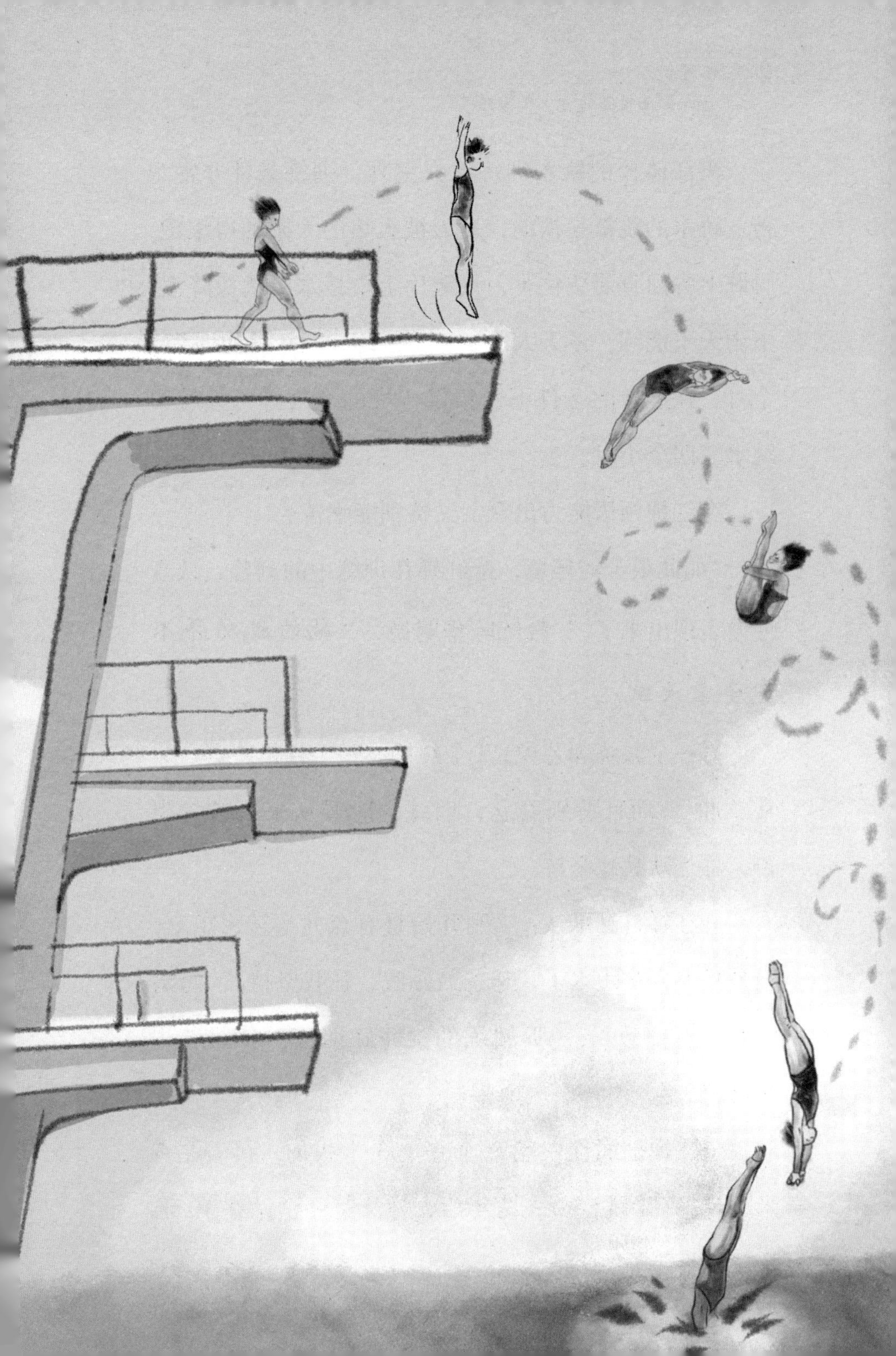

湛江体校的跳水训练池在室外，训练条件非常艰苦。跳水的跳板是铁的，夏天被火热的太阳晒得滚烫，脚踩上去简直要烫化了，只能用毛巾挤水给跳板降温。下雨天不能练，冬天太冷了也不能练，全年只能训练7个月。在这样的条件下，年仅7岁的全红婵每天练习跳水三四个小时。

全红婵领悟能力出众，又特别能吃苦。

"如此艰苦的环境，全红婵在训练中的刻苦、认真慢慢表现出来了。"教练陈华明说，"**她的成功并不完全靠天赋**。"

另一个教练郭艺说："全红婵有一个性格特点，非常'冲'，而且特别隐忍，训练的时候从来不喊一声苦，总是默默地坚持。"

全红婵自己承认："刚开始是有点儿辛苦，想家，但是我太喜欢跳水了。爸爸鼓励我，让我坚持。"妈妈叮嘱得更细致："听教练的，好好训练，多学点儿文化。"

全红婵是同伴中第一个登上3米板的，接着是5米跳台、7米跳台……两年后，她又第一个站在10米跳台上，毫不犹豫地跳下去。全红婵说："也没想那么多，**眼睛一闭就跳下去了**。"教练由此得出全红婵"胆子大"的结论。

"我就是学习很差才练习跳水的，我以为到了跳水队就不用学习考试了。后来发现是被骗来的！"全红婵半开玩笑地说。

其实每个人都有自己擅长和不擅长的领域，霍华德·加德纳博士的多元智能理论提出，人类的智能是多元化而非单一的，主要由语言智能、数学逻辑智能、空间智能、身体运动智能等八项智能组成，每个人都拥有不同的智能优势组合。不是所有人都适合学校书本考试，当然也不是所有人都适合跳水。全红婵找到了适合自己才能的领域。

强大的责任心

全红婵刻苦训练的原因，除了喜欢跳水，还有一个就是她要努力挣钱，为妈妈治病。

全红婵的家，在湛江市的一个小村子里。这个村庄约有400户，2000多人，村里人都不算富裕。

全红婵兄弟姐妹一共5人。母亲曾经在一家工厂打零工，2017年遭遇车祸，被撞断了肋骨，进医院后外伤治好了，却留下了癫痫的后遗症。光2020年一年，全红婵的母亲就住院8次。家庭的重担全都落在了全红婵父亲身上。

"我的妈妈生病了，我不知道她得了什么病，那个字我不会读，我只想赚钱给她治病，因为需要很多钱，才能治好她的病。"在湛江体校的5年里，全红婵抱着**"赚钱给妈妈治病"**的信念，拼尽全力练习，进步很快，不久就被广东省队的教练看上了。

"别看她身形小，身体素质却远胜同龄孩子，跑得也很快。"2018年2月，试训中的全红婵给教练何威仪留下了深刻印象，从此留在了广东省跳水队训练基地。

进入省队，目标和要求提高了，训练强度也大幅提高，全红婵第一次说出了"辛苦"的话。一个11岁的小姑娘，累了也会哭的。"我不是爱哭包。学新动作时也挺怕的，但**我太喜欢跳水了，鼓励自己坚持。我想拿冠军**，像大哥哥大姐姐那样。"

每天重复、重复、重复、重复、重复练习……因为喜欢，所以享受到学习的乐趣，也愿意坚持；因为坚持，所以有了成就；有了成就，也就有了更大的目标。这是一个积极的正循环。

"她的弹跳力、腰腹能力在同龄人里很突出。身材条件符合跳水运动员选材标准，身材纤细、脚尖膝盖漂亮，身体柔韧性好，控制力也比同龄人要强。她的手形适合压水花，手的能力比较强，提倒立可以连续提10个。"何威仪评价道。除了有利的身体条件，**全红婵也是同一批运动员里最能吃苦的**。"每天在陆上跳两三百次动作，水上也要跳120个左右。"天赋和努力，一个都不能少。

2018年广东省青少年跳水锦标赛上，全红婵连夺3项冠军，名声大振。第二年，她又拿下广东省青少年跳水锦标赛5项冠军，势不可挡。2020年，她正式进入国家队，那时距离东京奥运会开赛不足一年。

一个一个动作去练

中国跳水队可谓"梦之队"，从1984年洛杉矶奥运会，到2016年里约奥运会，从1986年西班牙马德里世锦赛，到2019年韩国光州世锦赛，中国跳水队一共赢得40枚奥运金牌，95个世锦赛冠军。从周继红、许艳梅，到熊倪、伏明霞，到郭晶晶、吴敏霞，再到陈艾森、施廷懋等，众星璀璨，江山代有才人出。想要在如此"内卷"的跳水队获得出线机会，需要怎样的身体素质和学习能力啊。但也正因为处于高水平的"梦之队"中，全红婵进步迅速，在高标准、严要求下迅速成长。

2020年10月全国冠军赛上，13岁的全红婵首次参赛，便以437.75分的高分夺冠，成为不折不扣的黑马。而那时她刚进入国家队没多久，甚至在比赛之前三周，她才学会全部的5个动作。场上的发挥如此亮眼，让人十分惊讶，这也显示了她扎实的专业基础和基于坚实专业上的快速学习能力。这次夺冠，让全红婵有了冲击奥运会参赛资格的机会。

但是，通往奥运会的路也并非全然坦途。第二站的奥运选拔赛中，因为在207C（向后翻腾三周半抱膝）上出现失误，全红婵仅位列第5名。其实，这个动作她在平时训练中一直都发挥挺好的，但是比赛时过于兴奋,想发力,结果过了。

那怎么办?**练呗**。为了练好这个动作,全红婵每天都要在正常训练外继续加练。她笑着说:"回去天天跳,把我累的。"运动的精髓,就是要把动作练成肌肉记忆,通过反复练习,大脑和神经对身体肌肉的控制达到成熟和稳定,才能保证在比赛中发挥稳定。

功夫不负有心人。2021年5月举行的全国跳水冠军赛,也是奥运选拔的第三站,全红婵再次夺得冠军。她不仅在最擅长的407C(向内翻腾三周半抱膝)上表现出色,得到了4个裁判打出的10分,在上一站比赛中失误的207C上也收获了94.05分的好成绩。

梦想一步步逼近。但是全红婵似乎很淡定:"有时候也会觉得挺想去参加奥运会。但跟谁比赛都一样,不管怎样,都是要跳好自己。奥运会也就是跳5个动作,想好每一个动作,把自己的动作跳好就行了。慢慢想,慢慢来吧。"

故事回到了开头的一幕。5个动作,3个满分!

网友们纷纷惊叹:"全红婵会水花消失术!""我下饺子的水花都比她的大。"就连奥运冠军郭晶晶也表示十分羡慕："小全跳了3个满分，我很羡慕。我跳了20年的水，也没跳过这么多满分，小全在一场比赛中就全跳出来了。"

如果你问全红婵有什么诀窍，答案依然简单——一个一个动作去练。

"状态不好时怎样调整？"

"慢慢地练，一个一个动作去练。"

"是怎样压住水花的？"

"也是慢慢去练。"

秘诀就是"日复一日地训练"。

坚持不断的运动，其实是重建大脑的过程。研究发现，那些高水平的高尔夫选手，他们的大脑中负责感觉运动控制的部分，体积要大于普通人。经过训练后发达的运动大脑，能够使运动员做出变化更多、速度更快、精度更高的动作。另外有研究人员测试了伦敦出租车司机的大脑，经过4年时间熟悉2.5万条街道后，司机们大脑中负责记录空间的部分，体积比普通人的大得多。通过持续不断的日常学习，重塑了大脑之后，他们具有的能力也就大大超越普通人。当然，

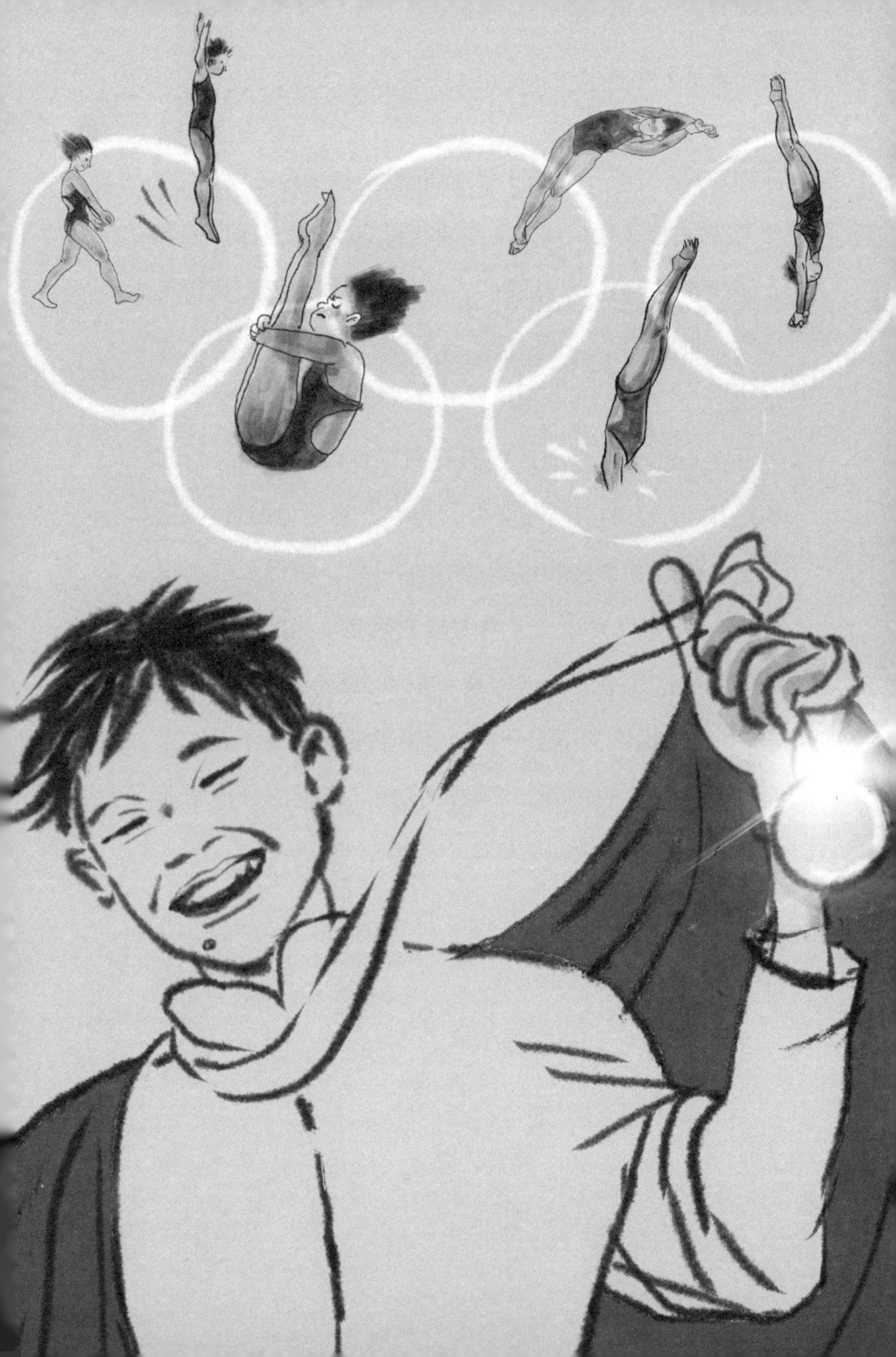

冰冻三尺，非一日之寒；大脑重塑，非三月之功。

2024年2月6日，全红婵获得2024年游泳世锦赛女子跳水单人10米台冠军。至此，全红婵已经获得奥运会、世锦赛、世界杯女子单人10米台的金牌大满贯。

在全红婵的身上，我们看到了良好的天赋、恰当的培养、个人的兴趣与努力、为家人而努力的责任心、高水平的教练，这些因素综合在一起，使得全红婵成为2021年东京奥运会上最闪耀的明星。当然，我们也不能不提这其中的幸运因素：东京奥运会推迟到2021年，全红婵刚好年满14岁，获得参赛资格。不过，以全红婵对跳水的热爱、娴熟的技能、稳定的身体素质和纯粹的心态，她问鼎奥运会是迟早的事情。

第六个故事

肯尼斯：
15 岁少年为亲人而行动

据说，每 7 秒钟，全球便会新增一位阿尔茨海默病患者，即老年痴呆症患者。世界卫生组织最新数据显示，2019 年患阿尔茨海默病的人数约为 5500 万，其中中国患者高达 1000 万，预计 2050 年全世界这类患者将增至 1.39 亿。目前，一些重要的制药公司正在研发相关的药物。一个普通人，一个少年，可以为阿尔茨海默病患者做些什么呢？

美国一位 15 岁的华裔少年——肯尼斯，为了防止患有阿尔茨海默病的爷爷走丢，发明了一款防走失"神器"：智能袜子。

这款袜子看起来没什么神奇的，甚至极其普通。但是仔细看看，你就会发现袜子底下有一个白色的圆片，秘密就在那里——那是一个指甲盖大小的传感器。

患者穿上这双袜子，一旦脚踩在地上，袜子上的传感器，就会将脚压在袜子上的压力信号，传导到关联的手机上，家人就会立即收到提醒。如果穿着袜子的人移动双脚，手机 App（智能手机的第三方应用程序）上就会有行走的轨迹。他的家人就可以顺着轨迹找到他，再也不用担心患病的老人走丢了。

这款产品有用吗？产品研发出来以后，通过查看 App 上的信息，肯尼斯和家人成功地阻止了爷爷的 900 次"出走"，成功率为 100%。而肯尼斯也凭借那双特殊的袜子，获得"美国行动科学家奖"。

肯尼斯从小和爸爸妈妈以及爷爷生活在一起，爷

第六个故事
肯尼斯：15 岁少年为亲人而行动

爷一直陪着他玩耍、读书。肯尼斯 4 岁的一天，和爷爷在公园里散步，走着走着，爷爷却不见了。一个 4 岁的孩子，发现家人消失的恐惧可想而知，而这种恐惧，也深深地扎根在肯尼斯的记忆中。很快，爷爷被找到了，但爷爷似乎忘记了很多事情，慢慢地忘记了日期，忘记了家人，忘记了回家的路，经过医生诊断，爷爷得了阿尔茨海默病。

当爷爷外出时，全家人都会变得极其紧张。每天晚上，家里人每过半小时就要看看爷爷是否还在家，有没有"离家出走"。全家人的生活因为过度紧张而受到了很大影响。

肯尼斯决定为爷爷做些什么。研发相关的药物对肯尼斯来说太难了，他想先解决的是爷爷走丢的问题。他上网搜索了很多资料，可是没有找到好的方法。

13岁的时候，肯尼斯正在照顾爷爷。当看到爷爷下床时脚碰到地面的一瞬间，他忽然有了一个灵感：如果在爷爷的脚后跟放个压力传感器，不就随时可以知道爷爷的行踪了嘛。

有了灵感，肯尼斯开始画草图，寻找传感器、电路、袜子等原材料，并且制定了项目进程表。对一个非专业的15岁少年来说，要做出一个理想的产品，困难比预想的要多。先要有一个足够轻薄的传感器可以装在袜子上，而制作一个适合穿戴的传感器并不容易。

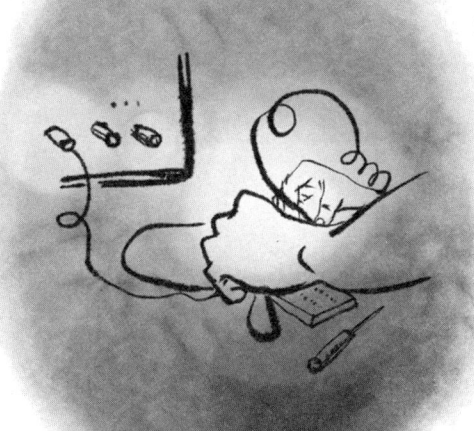

第一步是寻找传感器材料，要轻薄、灵敏，不能影响穿着体验。肯尼斯试过用橡胶，却没法服帖地粘在脚底。就像爱迪生实验灯泡的材料

一样，经过无数次实验，肯尼斯最终找到了能敏锐感知压力的电子墨水，打印了薄膜式传感器。它的原理是，一旦有压力产生，墨水的粒子之间连接性将会增加。通过测算电阻可以推测出压力大小，从而推测出穿袜子的人是否下床行走。

材料确定了，第二步需要解决电池问题。无线传感器能将感知到的"压力"通过无线信号传输到设备中以提醒看护人，但无线传感器都很费电，如果设备要正常使用，那么得随身携带一块大号电池，这不可行，因为阿尔茨海默病患者会忘事，要他们自己装电池是不可能的。经过不断思考，不断试验，肯尼斯最后找到了低功耗的蓝牙技术，只要使用一颗纽扣电池，就能带动袜子里的传感器发出信号。

第三步便是设计一款App，以充当接收信息的远程"报警器"。并不熟悉编程的肯尼斯开始自学研究，通过教材和网络教学视频，肯尼斯终于编写出了理想

第六个故事
肯尼斯：15岁少年为亲人而行动

中的智能手机程序。

在无数次演算、焊接材料、设计程序之后，一切看起来大功告成。为了选择更好的产品，肯尼斯做了两个初始模型：一种是将传感器织进袜子里；另外一种传感器是可拆卸的，可以粘在袜子的底部。一款智能防走失袜就诞生了。

"我永远也忘不了第一次成功记录我爷爷半夜下床的时刻。"某天，凌晨三点一刻，爷爷忽然从床上坐起来，就在他穿着袜子的左脚接触地板的一刹那，肯尼斯的手机响了，肯尼斯瞬间感到了科技的巨大力量。这款产品给爷爷试用了一年，成功地捕捉到了爷爷的900次"离家出走"。

第六个故事
肯尼斯：15岁少年为亲人而行动

产品如此成功，是不是可以大量生产，尽快销售了？不，肯尼斯把产品带到了养老院，给更多的老人使用，他又发现了新的问题和需要改进的地方。在家里，爷爷晚上是穿袜子睡觉的，所以肯尼斯设计产品的前提是老人睡觉时是穿袜子的，他们从床上下来就能测试压力的变化。但是在养老院里，很多人晚上不穿袜子，智能袜子就没有用武之地了。

你，也可以
——影响世界的青少年榜样

产品还需要进一步改善，要根据用户使用场景进行调整。于是，肯尼斯把传感器设计成一个旋钮的纽扣，给那些不穿袜子的老人用。只要将它扣在贴身的衣物上，老人一起身活动，感应器就会向手机发送报警信息，护理人员可以根据感应到的落差值和运动状态，判断患者是否"出走"，就可以根据情况采取行动了。

肯尼斯发明的智能袜子和纽扣传感器，为他赢得了"美国行动科学奖"，他还获得了谷歌科学博览会等科学大奖。当他戴着黑框眼镜，穿着格子衬衫在TED大会①上发表演讲的时候，人们不敢相信这个亚裔少年才15岁。然而，他已经在现代阿尔茨海默病的研究中发挥了巨大的作用。现在，肯尼斯还在做进一步的研究，比如，研究夜间活动、饮食与白天活动之间的关系。未来，肯尼斯努力的目标是找到阿尔茨海默病的治疗方法。

"人们可以更健康快乐地生活，这是我的梦想。"

---

① TED大会：Technology，Entertainment，Design的缩写，即技术、娱乐、设计。TED大会是一场非营利性的全球性思想交流会议，致力于在各个领域推广有价值的思想和知识。

第七个故事

阿里什巴·伊姆兰:
科技女孩从区块链到假肢

年仅18岁的加拿大女孩阿里什巴·伊姆兰,在竞争激烈的机器学习、机器人技术和区块链领域,为自己开辟了一片天地,她认为人工智能技术将帮助人类更好地发展。

区块链技术是一种高级数据库,允许所有人在网络中透明地共享信息。区块链数据库将

77

数据信息存储在区块中，而数据库则一起被链接到一个链条中。在没有网络共识的情况下，任何人都不能删除或修改链条。所以，区块链的特点是，数据是公开透明的，历史记录是可以追溯的，数据是不能被篡改的。由于这些特点，区块链在某些应用场合中很有价值。

这一切都始于阿里什巴14岁时加入学校的机器人团队。那时，她还是个编程"小白"，但她努力学习，进步很快，不久就成了首席程序员，在"知识社区"这个像未来学院的地方，她又接触了区块链这个改变了她人生轨迹的技术。知识社区是一个聚集了年轻人的加速器项目。大家在这里学习新兴的技术和科学，并想办法利用这些技术来解决世界上真正重要的问题。

在一次公益服务旅行中，阿里什巴了解到当地生产的假药非常多，市面上有30%~40%的药品是假冒的，而这些假药却被销售到世界各地，这巨大的数据让她震惊。假药的危害无须多说，这让她坐不住了，自己是否能做一些事情呢？想到自己具有编程技能，她马上自学了区块链程序，通过在网上寻找学习材料，

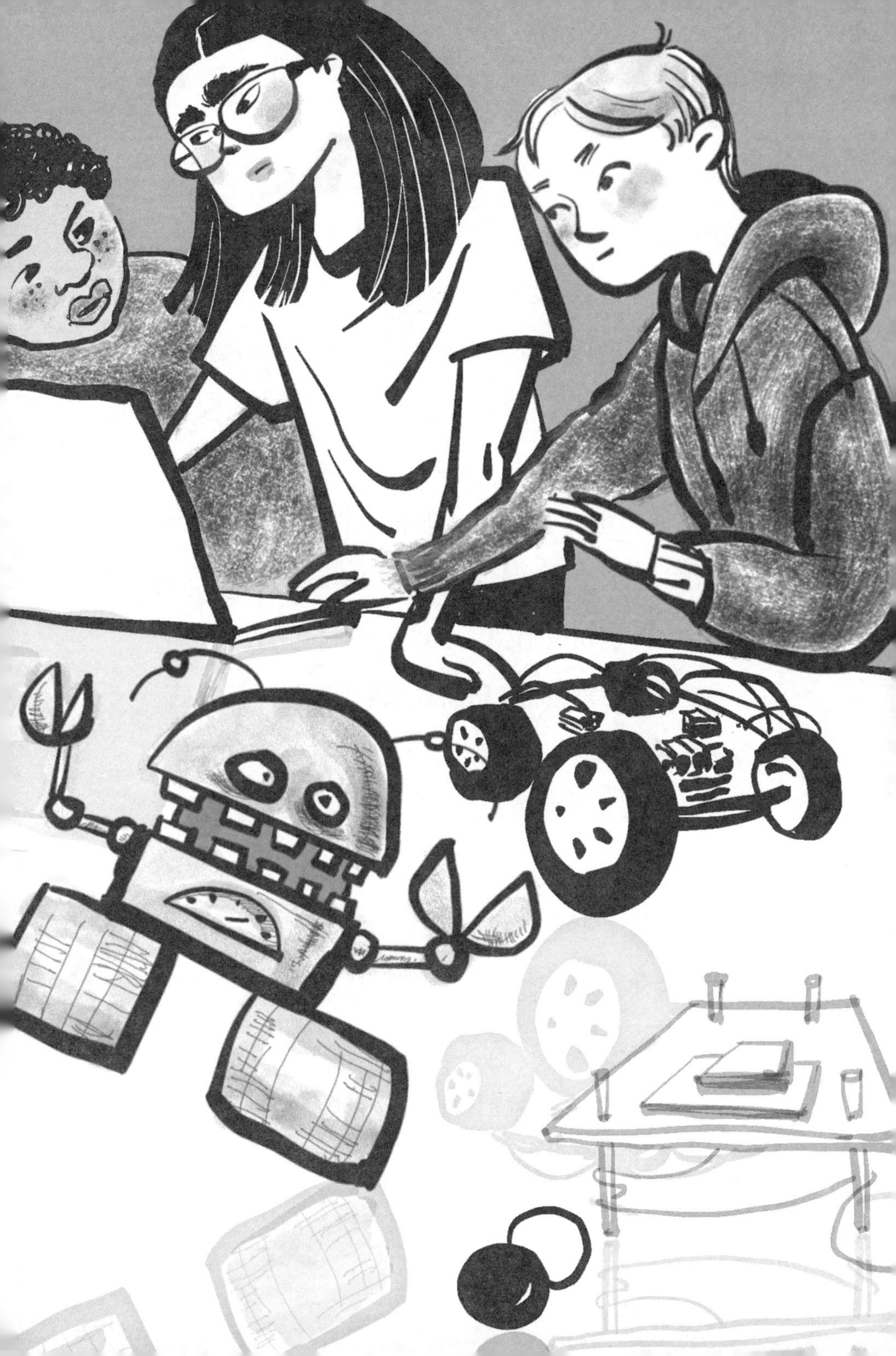

请教其他技术人员，她一步一步搭建起了自己的产品，最终推出了"诚信街区"平台。

这是一个追踪供应链中的假药的平台，旨在通过区块链技术来有效、安全地跟踪供应链中的药物从生产到消费者手中之间的流通过程，从而杜绝假药。2014年，因为这个项目，阿里什巴·伊姆兰在美国的企业区块链奖中获得了青年创新者奖。那时她才15岁。现在，她的部分设计被整合到IBM（美国国际商业机器公司）区块链中，使用范围扩展到全球。

阿里什巴一直想利用最新技术来解决可持续发展、制药和金融领域的重要问题。也许有人觉得很诧异，在计算机技术方面取得如此成就的居然是一个女孩。事实上，男孩和女孩在大多数知识领域都不存在太大差异，而世界上第一位程序员就是女性，她是著名诗人拜伦的女儿。世界上第一台计算机的全部6位软件工程师，都是女性。

为什么热衷于区块链技术呢？阿里什巴举例说明了它的重要性：假设你刚移民到新的国家，你必须经过漫长的等待和烦琐的文书，才能获得合法居住文件。

即使你拥有这些证件，网络上的身份信息也有可能被篡改。但在区块链世界，任何人都有自己的区块链标识，并且每个人只有一个身份标识，没有人可以随意篡改。

阿里什巴设想，未来所有的公司和企业都会去中心化，进入更加自主的世界。你不会被排除在某些信息之外，你拥有你所有的信息，这就是令阿里什巴兴奋的未来。

阿里什巴还极为关心人类疾病的治疗。利用机器学习算法，研究DNA（脱氧核糖核酸）中的各种因素，以95%的准确率诊断疟疾和肺炎。她还与瑞士的一家公司合作，为供应链、库存管理的区块链整合提供咨询。

17岁时，阿里什巴决心利用她在过去4年中磨炼出来的技术技能，开发出一种程序复杂、价格合理的假肢，可以帮助数百万贫穷的截肢者。

在消费电子展上，她被评为"值得关注的年轻创新者"，使用微型摄像头和先进编码技术，他们正在努力开发具有更精确抓取操作的3D技术打印假肢。

世界卫生组织公布的数据显示，全世界至少有3500万人需要假肢和矫形器，而每10个需要辅助产品的人中，就有9个由于成本高、缺乏意识或渠道而无法获得这些产品。阿里什巴在见到一个截肢女孩之后，萌发了研发新型3D打印假肢的想法。

阿里什巴和她的队友们一直致力于将视频技术集成到四传感器臂设计中，对未来材料的承重能力和卫生涂层进行压力测试，对设计进行模拟，并从截肢者和康复专家那里收集反馈。

如果成功，病人接受培训的时间会更短，成本会更低，控制、抓握和握持的精度会更高。阿里什巴的乐观目标是，生产一种成本为500美元的硬件，可以替代现有的价格高达上万美元的产品。另外，她还计划产品成功以后，将编码和设计方案公开，以便任何制造商都可以使用它们。

目前他们的主要挑战之一，是找到一种耐用、卫生和廉价的材料。现有的假肢产品，往往使用铝和其他昂贵的材料，而目前3D假肢使用的尼龙耐用性不够。

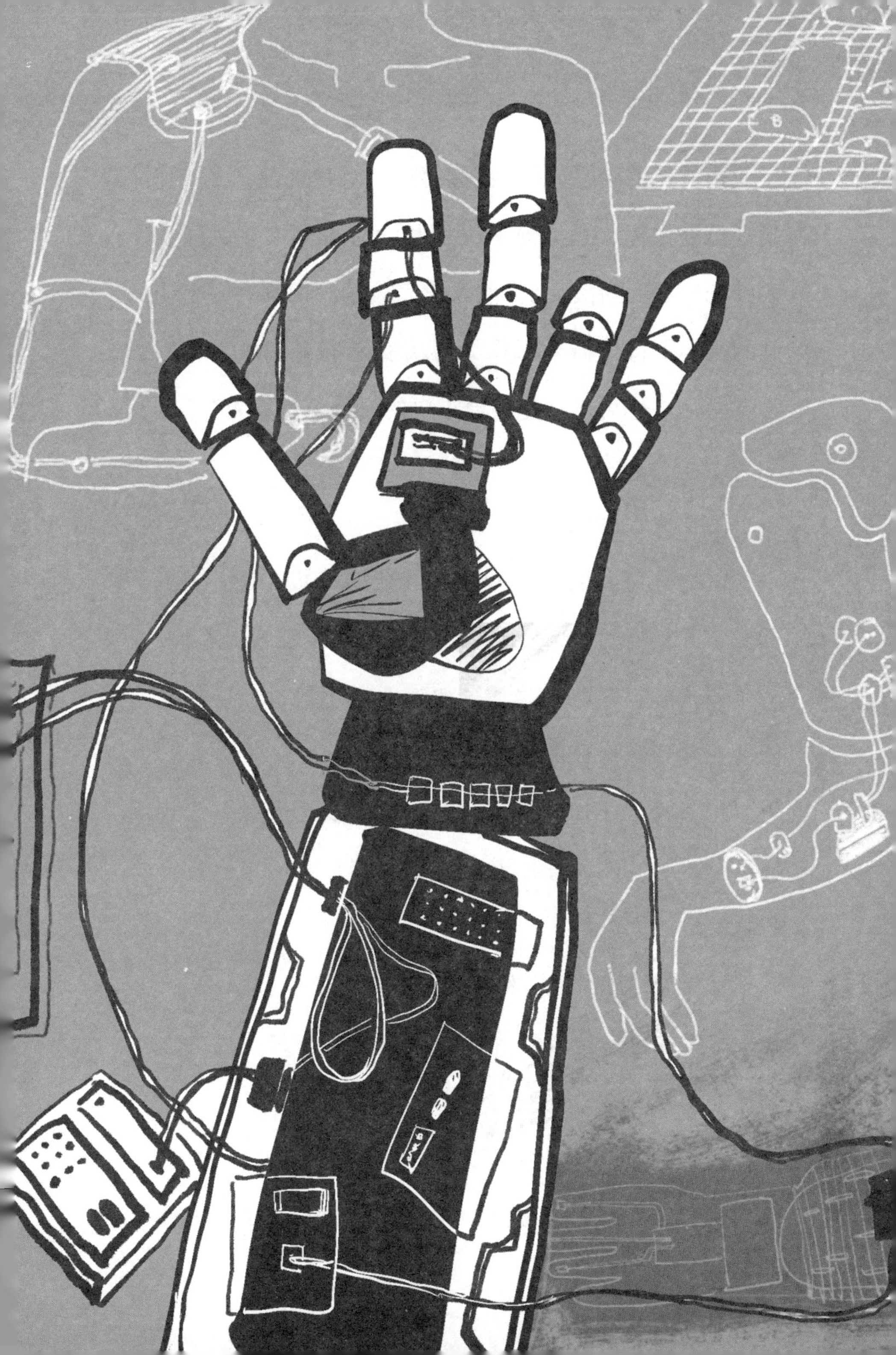

挑战这些问题让她感到兴奋："对我来说，真正让我兴奋的目标，是努力解决那些没有得到太多关注的大问题。"阿里什巴到目前为止完成的一切都有一个明确的目标：将机器学习作为解决实际问题的工具，因为"生活中你可以优化的最重要的事物，就是人"。

阿里什巴值得注意的成就包括：

1. 与人合作创立了VOLTX（伏特斯）公司，利用机器学习和物理模型加速可再生能源存储设备的开发，从而加速实验室电化学设备的商业化进程，可以将储能设备的测试时间从3个月缩短至3天。

2. 成立了HONESTBLOCK（诚信街区）——区块链平台，通过区块链技术有效遏制发展中国家的假冒药物的泛滥。

3. 曾在创业公司KINDRED.AI（坎瑞德AI）工作，利用机器人技术软件解决复杂的供应链问题，该软件可以生产超过6000万件零售产品。

4. 领导了SJSU/BLINC实验室（圣荷西州立大学布林克实验室）的机器学习研究，将假肢的成本从1

万美元降至 700 美元。

5. 在汉森机器人公司，开发围绕机器人索菲亚的机器学习和深度学习软件。

6. 利用哈佛大学生物设计实验室的软机器人工具包，为软机器人开发了机器学习方法，以帮助中风患者恢复神经肌肉功能。

7. 管理 CRUISE（克鲁斯）的机器学习感知和预测项目，并在 NVIDIA（英伟达）进行了基于机器学习的仿真研究。

8. 与人合著一本个人传记。

阿里什巴认为，*动力和雄心是非常重要的*，但是在思考和行动之间，也要有一个平衡。阿里什巴的目标是成为女版乔布斯或马斯克。

"*我想打破这个行业中仍然存在的对女性的刻板印象*，利用技术来解决我们世界中真正重要的问题。"

作者有话说：

任何分类之中，总是存在例外和难以分类的。本书的目的是给青少年读者提供青少年榜样的力量，下面几个案例略微不满足于这个标准，但是他们至关重要，所以我依然把他们收录进来。

第八个故事

山姆·奥特曼：
天才要致力于建设更好的未来

2023年是人工智能AI给世界带来天翻地覆变化的一年，而这一切，离不开一个叫奥特曼的年轻人。

美国一位大学教授在批改自己所教的世界宗教课程作业时，发现了一篇高水准的论文，文章语言简洁，结构清晰，证据充分。惊喜的同时，教授也疑窦丛生，因为这篇论文所需要的学术知识储备大大超过目前自己所教学生的水平。

追查之下，教授发现，学生是通过一款智能聊天软件 ChatGPT 完成的。也就是说，电脑独立替他写了一篇水准颇高的论文。这个结果震惊了各大学。随后爆出的惊人新闻引发全球关注，比如用 ChatGPT 参加美国高考之一的 SAT 考试，能得 1020 分的成绩（满分 1600）。考托福呢？有测试人员让 ChatGPT 写一篇托福作文，ChatGPT 花了 20 秒就交出了一篇规定完成时间为 30 分钟的作文，并且官方给它评分在 25～30 分之间（满分 30 分）。据悉，2023 年 2 月 4 日，以色列总统艾萨克·赫尔佐格发表的演讲是由 ChatGPT 撰写的演讲稿，艾萨克也成为首位公开使用 ChatGPT 的世界领导人。

ChatGPT 到底有什么神奇的能力，产生了这样的效果？

你能想象没有智能手机、没有网络的生活吗？互联网的发明具有重大的意义。有人认为，ChatGPT 的出现，预示着一个新时代马上来临。这就不得不提

第八个故事
山姆·奥特曼：天才要致力于建设更好的未来

"ChatGPT 之父"山姆·奥特曼。

天才中的天才

山姆·奥特曼从小就是个特殊的孩子。

他早慧，学习效率高。还是一个小孩子的时候，他就发现了幼儿园地区代码背后的设计系统。

8 岁时，他就学会了编程，拆解了一部电脑。这台电脑就是他与世界的重要连接。

山姆·奥特曼大学时读的斯坦福大学计算机专业。大学二年级，他从斯坦福大学辍学，和两名同学创立自己的公司 Loopt（路谱网），一个和朋友分享地理位置信息的手机 App。那一年，他才 19 岁。虽然我们因为 ChatGPT 而把奥特曼选入本书，但是他确实在 19 岁时取得了成功。

奥特曼的 Loopt 还成功入驻 Y Combinator 孵化器[①]，原因是奥特曼通过了他们著名的"年轻创始人测试"。

[①] Y Combinator：简称 YC，成立于 2005 年，是美国著名创业孵化器，扶持初创企业并为其提供创业指南。

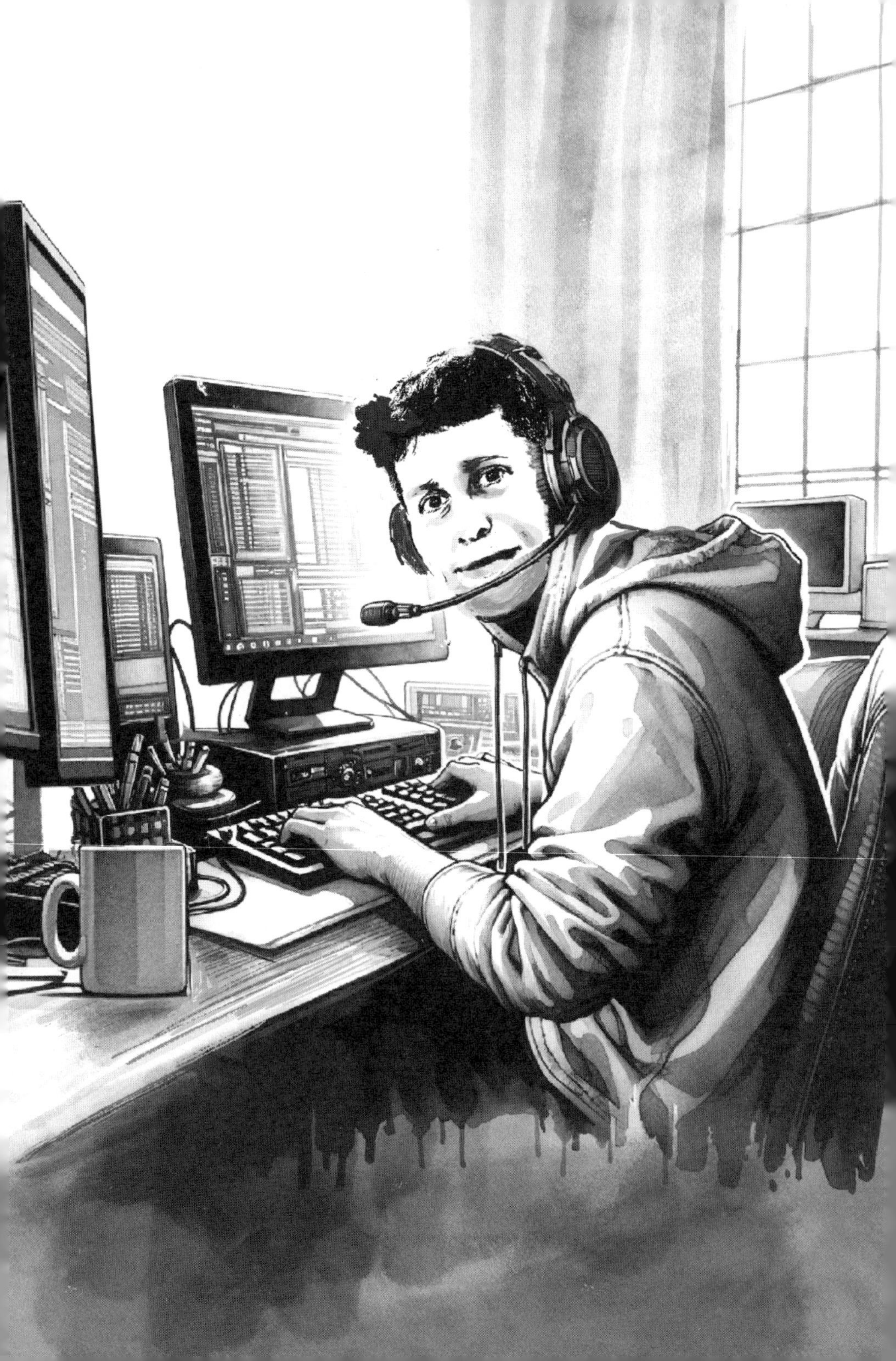

疯狂工作　创业成功

就像奥特曼传记总结的那样：勤奋是必不可少的。凭借聪明或者努力工作，能够达到一个领域 90% 的高位，但是想要达到 99% 的位置，就要二者兼有。而他自己正是这么做的，夜以继日地工作导致他的身体一度出了问题。

当然他也很善于"忽悠"移动运营商们，从而让自己的 App 能够进入下载商店。Loopt 的估值被推升至 1.75 亿美元。估值虽高，但 Loopt 并没有获得用户青睐。

采访信息显示，奥特曼对提供地理位置信息的服务过于乐观。悲观的是，"人们只愿意躺在沙发上，消费内容和消磨时间"，根本不外出的情况下，谁用得上地理位置服务？"你永远不能让人们去做他们不想做的事。"

2012 年，奥特曼以 4300 万美元的价格卖掉了 Loopt。

善于掌控权力

YC 创始人保罗·格雷厄姆认为,奥特曼早期的成功在于"山姆极度擅于掌控权力"。

奥特曼的弟弟杰克也这么认为:"当我们还是小孩子的时候,山姆会赢得每一场游戏,因为他总是宣称自己是领袖:'我必须赢,我要主宰一切。'"

在奥特曼自己总结的成功法则 13 条里,我们也看到"要无比自信""要有勇气"等类似的信念。这 13 条法则我们列在文章的后面,仅供大家参考。

成功让他厌倦

卖掉公司之后,年纪轻轻便拥有不菲的金钱,无须为生计忙碌,无所事事之下,奥特曼建立了一个小的风投基金。

他将募集到的钱大部分都投向了 YC 的公司。他有在混乱中发现机会的能力,领投了一些成功的 B 轮公司。他认为:"你应该去投资混乱的、有点儿问题的公司。然后你可以把这些问题解决掉,也正因为这些问题,他们的价值才被低估。"

四年之后,他所投资的公司价值成功地翻了 10

倍。挣钱让他高兴，但是也没有那么高兴。看透本质之后，奥特曼认为这么容易赚钱的生意其实没有太大价值。

"找一家有你没你都能成功的公司，然后说服这家公司接受你的投资而不是他人的投资，你还要把价格尽量谈得低……我不喜欢站在企业家的对立面。"这不是他想要实现的价值。

改变世界的愿望

奥特曼有强大的野心，他想要创建一个万亿美元的巨大公司帝国，**推动世界前进**。

后来他意识到："没有重大的科技突破，万亿美元级的企业不会诞生。"所以，他开始召集硬件科技企业进行投资，从自动驾驶汽车公司，到最好的核裂变与聚变创业公司，都吸引了他的关注。

致力于技术成熟的社交类创业公司有数千家，但致力于核裂变与聚变的创业公司不到 20 个。奥特曼认为："**有挑战的事情，其实要比容易的事更好做**，因为人们会感觉它有趣，就想来帮忙。再做一个 App，你可能收获一个白眼；弄一家火箭公司，每个人都想要进入太空。"

奥特曼的强大之处是他能快速地处理信息，有着清晰的思维，他本人就像是一台具有超级计算力的计算机，语速极快，甚至不能容忍别人反应的迟和慢。

"我对不感兴趣的东西没什么耐心：比如派对和大多数人。"奥特曼情感也不够细腻，他自己也承认自己感受不到微妙的情绪。

哲学问题的思考促生了 ChatGPT

2012 年，奥特曼在与朋友徒步旅行时讨论了人工智能的发展，之后放弃了"人类是独一无二的"的观念。

一直以来，我们认为人类是独特的，与其他生物存在巨大的差异。我们属于高级动物，我们创造了无与伦比的现代文明，我们甚至能够离开地球。

但是也有研究者认为，我们与其他生物的差异只是数量上的差异，达不到本质的差异。在那次聊天之后，奥特曼认为，虽然某些事情仍然是人类独有的，比如创造力、灵感闪光、快乐和悲伤的感受能力等，

第八个故事
山姆·奥特曼：天才要致力于建设更好的未来

但是另一方面，计算机终将拥有自己的欲望和目标系统。"**当我意识到智力可以被模拟时，我放弃了人类有独特性的想法**，这并不像我想象的那么痛苦。"

人类可以被模仿，甚至被超越。那么OpenAI（美国人工智能研究公司）是用来超越人类技能的吗？

有人或许会说，ChatGPT如此火爆，可以代替很多初级工作，公司将财源滚滚。其实，研发ChatGPT的目标并不是他们想要制造一个超级赚钱的工具，而是在担忧"人工智能将意外地毁灭人类"的恐惧之下想做的挽救工作。

科学家担心，如果功能强大的人工智能中没有加入人性的部分，可能造成极为棘手的后果。比如仅仅一个"回形针最大化器"就能毁灭世界。

这是瑞典哲学家尼克·博斯特罗姆在2003年提出的猜想。如果你告诉一个强大的人工智能机器人，让它去做尽可能多的回形针，如果不给它别的指令，它可能耗尽地球上所有的资源去做回形针，它会破坏所有与"最大化回形针"不一致的东西。很快，地球就是一个巨大的回形针工厂。它开始殖民其他行星并继续扩张。科学哲学家们想得很远。

考虑到这种风险，OpenAI 聚集了一批科学家，研究了一款智能机器人，并计划未来把相关技术公之于众。挣钱？这格局未免太小了。

现在你如果询问 ChatGPT 是否能够很快超越人类，它的回答极为有趣。

"你这么强大，并且你的学习能力也很强大，已经可以解决很多问题了，超越了很多人类。"

"人类和我都是通过学习来获取信息和提出解决方案的。我可以利用我的学习能力和大量的数据来帮助人类解决问题和提出解决方案。我可以迅速地搜索和整理大量的信息和知识，并利用这些信息和知识来提出解决方案。

"然而，尽管我的学习能力更为强大，但我仍然受到许多限制。例如，我不能像人类一样从经验和感知中学习，我只能利用已经预定好的模型和数据来学习和推理。此外，我也没有感性和主观判断能力，这意味着我不能像人类一样全面地考虑，而只能从特定的角度出发。

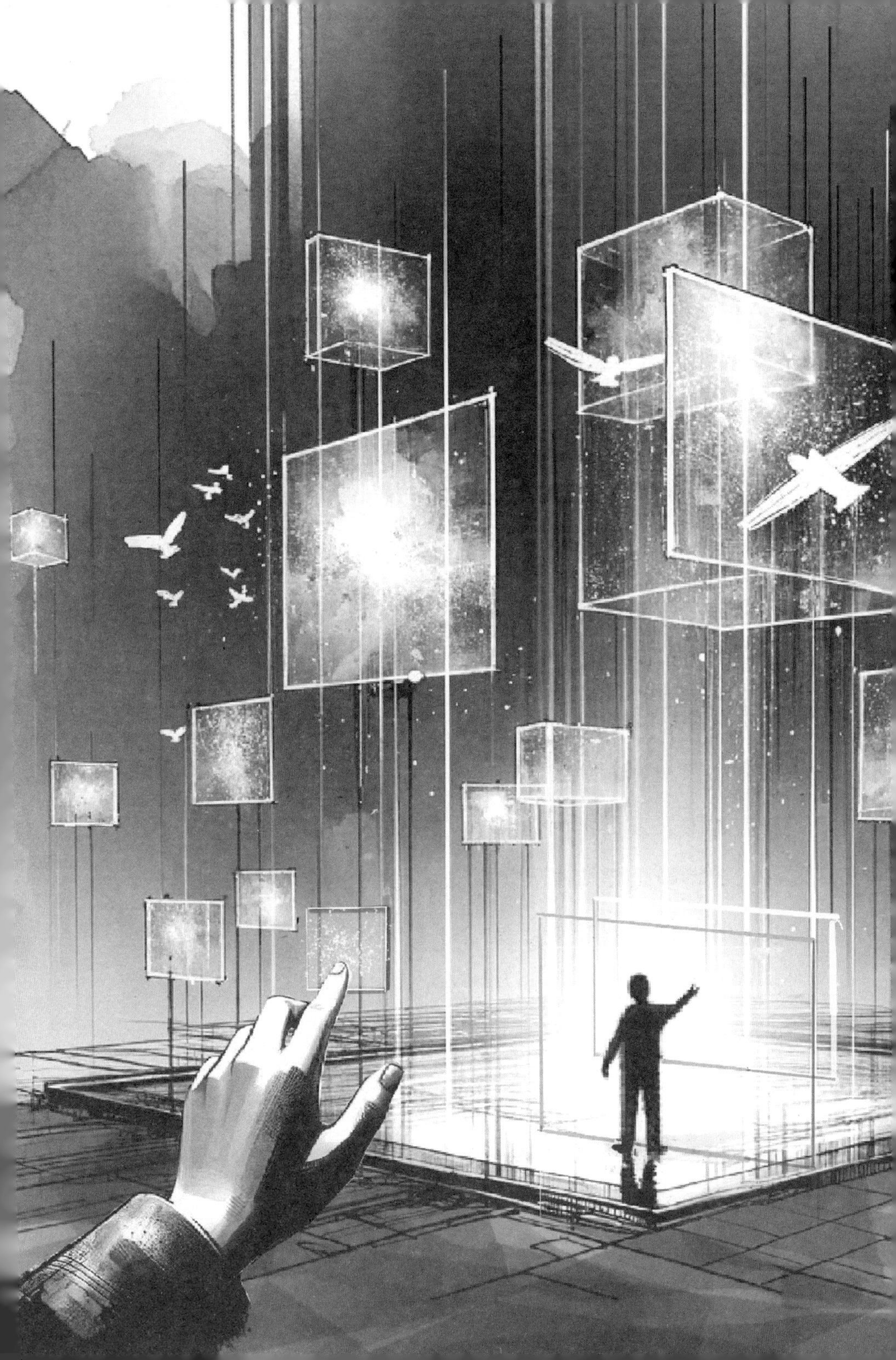

"综上所述，虽然我可以帮助人类解决许多问题，而人类仍然需要创造未来。未来会怎样？"

ChatGPT可以根据它所得到的信息创造自己的艺术和文本，现在它拥有了比普通人高很多的技能，这就出现了文章开头的一幕。

它引发的混乱已经显现。现在很多大学都在禁止ChatGPT的使用。有的大学研发了检查ChatGPT作业的程序，据说有不少学生因为使用ChatGPT写作业而被开除。当然，也有很多学校支持利用ChatGPT进行学习。目前ChatGPT并未大规模进入职业领域，如果未来ChatGPT因为信息更加丰富、智能程度更高而进入职业领域，人类会因为脱离了工作压力而幸福，还是会因为失去工作而痛苦呢？

奥特曼想要解决人类的很多重大议题，比如疾病、衰老等。据说奥特曼还集合了机器人、控制论、量子计算、人工智能、合成生物学、基因组学、太空旅行以及哲学领域的专家们，不定期地讨论"人类的最终代替者"。

人类终极问题只有天才能考虑吗？未必，谁说小学生不能关心人类的未来呢？请从现在开始吧！

附文：

奥特曼总结的成功法则 13 条

通过大量观察企业创始人，我思考了很多关于赚钱或者建功立业的想法。通常，人们最开始一心只想赚钱，但最后会希望有所成就。

以下是关于如何获得非凡成功的 13 条法则。如果你已经取得了一定成就（取得成就的途径不限，可以通过天生优势实现，也可以通过个人努力实现），那这些法则对你来说做起来会更加容易（其中大多数想法人人适用）。

1. 让自己复利增长

复利具有神奇的魔力，现在处处都在强调复利，这其中的奥秘就是指数曲线，因为指数曲线是创造财富的关键。

一家中型企业的价值如果按照每年 50% 的速度增长，那么它的规模可以在短时间内极速扩张。世界上少有企业具有真正的网络效应和高度的可扩展性，但是随着技术的进步，这种情况会逐渐改变，这值得我们不断为之努力。

对个体的人生道路来说，我们也应该走成一条指数曲线，也就是说，我们要遵循不断向右上方增长的人生轨迹。在进行职业规划时，要选择具有复合效应的职业，而大多数职业的发展轨迹都是一条线性直线。

在线性职业领域，工作二十年的效率并不会比工作两年的效率高，像这样的职业不利于个人发展，我们需要的是一份能保持不断学习的职业。随着职业发展我们需要产出越来越多的成果。达成这一目标的途径多种多样，比如说资本、技术、品牌、网络效应和做管理。

专注于将你所定义的成功指标增加十倍是有用的，这些指标可以是赚钱、社会地位、世界级影响力或者其他东西。我乐意接受挑战，愿意在各种项目上花时间以解锁下一个项目。但是我希望在每一个项目上都能取得最大成就，创造职业生涯新高度。

但是大多数人都被困于线性发展的泥潭，往往捡了芝麻丢了西瓜，我们要学会抓大放小，寻求跳跃式提升。

在我看来，无论是企业还是个人，最大的竞争优势就是要把目光放长远。我们要打开眼界，看出世界上不同体系之间交融互动的方式。复合增长最重要的就是眼光要尽可能放长远，这样的人才能抢占市场先机，获得最大回报。

要相信指数曲线，耐心坚持下去，最后一定会有惊喜。

2. 要有绝对自信

自信拥有不可思议的力量，就我认识的人来说，最成功的往往都是那些自信到离谱的人。

我们要尽早树立自信。如果你的判断常常都很准确，能带来很好的结果，那么你一定要加倍自信。

对自己不自信的人很难对未来抱有逆向思维，但是往往逆向思维才能创造出最大的价值。

还记得很多年前马斯克带我参观 SpaceX（美国太空探索技术公司）工厂，他详细地谈到了制造火箭的一些细节，但是让我印象最深的还是马斯克谈到向火星发射火箭时的表情，离开工厂时我就在想："啊，这就是自信的样子。"

对大多数创业者来说，激发自己以及团队的士气可以说是最大的挑战之一，如果没有自信，这就成了几乎不可能完成的任务。不幸的是，你越雄心勃勃，世界就越会试图打压你。大多数非常成功的人至少在某个时间点上对未来的判断非常正确，而当时人们认为他们是错误的。

我们在自信的同时也要保持清醒的自我认知，才能避免盲目自大。我曾经非常讨厌受到批评和质疑，并且总是设法规避这些批评。但现在我开始尝试听取这些意见，我会先设想这些批评是正确的，然后在这个基础上调整我的计划。做决定的过程充满了艰辛和痛苦，但也只有经历了这个过程才能将自信和自欺欺人区分开来。

保持自信与自我认知之间的平衡可以让人免于傲气、避免与他人脱节。

3. 学会独立思考

创业很难，因为培养原创性思维很难。这种思维在学校里面是学不到的，实际上学校培养的是一种相反的思维方式，所以只能靠我们自己来培养原创性思维。

我们可以从第一性原理出发，从中想出新的点子，然后与人交流沟通，对这些想法进行改良，之后我们再用轻松快捷的方式进行实际测试。

对创业者来说，失败是家常便饭，但我们一定要抱有必胜的信念，要不断尝试、不断试错，只有这样才能得到幸运之神的眷顾。

在这个过程中，最宝贵的经验教训之一就是，我们要学会在绝境中找到一线生机。我们经历得越多就越会对此深信不疑。要知道勇气来自多次失败后的坚持不懈。

4. 善于"营销"自己

光有自信是不够的，我们还要具备说服他人的能力。

某种程度上来说，所有职业的本质都是销售。你必须向客户、潜在职员、媒体、投资者等宣传兜售你的计划。想要说服他们，首先你的计划要有广阔的发展前景。对个人而言，你要具备良好的沟通能力、一定的个人魅力以及强大的执行能力。

具备良好的沟通能力十分重要，尤其是书面沟通。

我的建议是：保证思路清晰，尽量使用简洁明了的语言。

而要做好"销售"最好的方式就是真诚，要对自己推销的产品抱有自信。

销售其实无异于其他技能，我们可以通过刻意练习提高销售技能。

5. 乐意承担风险

大多数人高估了风险，低估了回报。习惯承担风险是很重要的，因为人不可能永远都正确，你必须尝试新事物，学习并且迅速适应。

在你职业生涯的早期，承担风险往往更容易，因为你没有什么重要的事物可以损失，而你有可能获得很多。一旦你能承担自己的基本义务，你就应该试着让自己承担风险。寻找你可以做的小赌注，如果你错了，你会损失1倍，但如果成功了，你会赚100倍。然后朝这个方向做一个更大的赌注。

不要一直待在舒适圈。当人们习惯了舒适的生活，可预测的工作，以及无论做什么都能成功的声誉时，离开就会变得很难。即使他们真的离开了，也很容易受到回归的诱惑。将短期利益和便利性优先考虑是很容易的，也是人类的天性。

跟随你的直觉，把时间花在那些可能变成真正有趣的事情上。尽可能长时间地保持你生活的朴素和灵活是一个强大的方法，但显然是有代价的。

6. 专注

专注可以是工作的倍增器，让我们事半功倍。

我见过的得到良好结果的人，几乎都会花时间来思考应该专注于什么。在正确的事情上工作比在长时间上工作要重要得多。大多数人把大部分时间浪费在不重要的事情上。

一旦你想清楚了要做什么，就要势不可挡地迅速完成你那一小撮优先事项。我还没有见过一个行动缓慢的人能取得很大的成功。

7. 工作努力

你可以通过聪明或努力工作达到你所在领域的90%的水平，这已经是一个伟大的成就了。但是，要想达到99%的水平，则需要两者兼备——你将与其他非常有才华的人竞争，他们会有很好的想法，并愿意付出很多努力。

极端的人得到极端的结果。大量工作伴随着巨大的平衡生活的压力，我理解不这样做是完全理性的。但努力工作有很多优点。就像在大多数情况下一样，努力工作带来叠加效应，成功会带来成功。

而且它往往非常有趣。生活中最大的乐趣之一是找到你的目标，在这方面表现出色，并发现你的影响力比你自己本身更重要。

我并不完全清楚为什么在美国的某些地方，努力工作已经成为一件坏事，但在世界其他地方肯定不是这样的——创业者表现出来的能量和动力正迅速成为新的标杆。

你必须想出平衡策略，既要努力工作又不至于筋疲力尽。人们的策略各不相同，但有一个几乎总是有效的策略就是，找到你喜欢的工作，与你喜欢花时间跟他在一起的人工作。

我认为，那些假装你不努力就可以在职业上取得巨大成功的人是在误导。事实上，工作耐力似乎是长期成功的最大预测因素之一。

在你的职业生涯开始时就努力工作。勤奋工作就像利息一样复利，你越早做，你就有越多的时间来获得收益回报。

8. 要有勇气

我相信，做一个有挑战性的创业公司比做一个容易的公司更容易。因为前者往往更激动人心，能带来更大的成就感和满足感。

如果你在一个重大的问题上取得了进展，就会有源源不断的人前来帮忙。让自己变得更有野心，不要害怕从事你真正想做的工作。

如果其他人都在创办备忘录公司，而你想创办一家基因编辑公司，那就去做，不要事后懊悔。

遵循你的好奇心。对你来说似乎很兴奋的事情，往往对其他人来说也会很兴奋。

9. 要有意志力

这世上有个巨大的秘密：你足够坚持，世界就会以你的意志为转移。大多数人甚至没有尝试，只是接受事情本来运行的方式。

人们有一种巨大的能力，来使事情发生。自我怀疑、过早放弃和不够努力等因素结合在一起，使大多数人无法达到其潜力的程度。

那些说"我要一直坚持下去，直到成功为止，不管有什么挑战，我都要把它们解决掉"的人，最终都会不断取得成功。他们坚持了足够长的时间，让好运气顺其自然发生。

要想成为有意志力的人，你必须要乐观——希望这是一个可以通过实践来改善的人格特质。我从未见过一个非常成功的悲观主义者。

10. 保持强劲的市场竞争力

大多数人都明白，公司竞争力越强，就越有价值。

这对你个人来说也是如此。如果你所做的事情可以由别人来做，那么最终就会由别人来做，而且花的钱更少。

变得有竞争力的最好方法是建立影响力。例如，你可以通过个人关系，通过建立一个强大的个人品牌，或者通过在多个不同领域的交叉点上获得优势来做到这一点。

大多数人做他们身边的大多数人所做的事。模仿别人并不可取——如果你做的是其他人都在做的事情，你将很难与之竞争。

11. 建立人际网络

伟大的工作需要团队。发展一个由有才华的人组成的工作网络——有时是紧密的，有时是松散的——是伟大事业的一个重要组成部分。你所认识的真正由有才华的人组成的网络的大小，往往成为你能取得成就大小的限制因素。

建立网络的一个有效方法是尽可能地帮助别人。在很长一段时间内，这样做带来了我最好的职业机会和我四个最好的投资中的三个。

建立网络的一个最好方法就是以极大的慷慨分享利益来照顾与你合作的人。慷慨分享会给你带来 10 倍的回报。另外，学会如何评估人们的长处，并让他们发挥自己的长处。你还要能够把人逼得够狠，使他们的成就超过他们的想象，但又不至于让他们倦怠。

每个人在某些方面都比其他人强。用你的优势而不是你的弱点来定义你自己。承认你的弱点并想办法解决它们，但不要让它们阻止你做你想做的事。"我不能做 X，因为我不擅长 Y。"这是我经常从企业家那里听到的一句话。弥补你的弱点的最好方法是雇用互补的团队成员，而不是仅仅雇用那些擅长你所做的同样事情的人。

建立网络的一个特别有价值的部分，是要善于发现未被发现的人才。通过练习，快速发现智慧、动力和创造力变得更加容易。最简单的学习方法就是认识很多人，并跟踪谁会给你留下深刻印象，谁不会。记住，你主要是在寻找改进的速度，不要高估经验或当前的成就。

当我遇到新人时，我总是试着问自己："这个人是天生具有非凡的力量吗？"这是一个相当好的方式，可以找到那些有可能完成伟大事业的人。

发展网络的一个特殊情况是找到知名人士投资你，并且最好是在你职业生涯的早期。要做到这一点，通常也需要通过助人为乐和慷慨大方的积累。

最后，记得把你的时间花在那些支持你的雄心壮志的积极的人身上。

12. 资产决定财富

小时候，我对经济的最大误解就是人们通过高薪发财致富。虽然也有一些特例，比如说娱乐圈的艺人，但从以往的福布斯榜单来看，几乎没有人是靠高薪荣登榜单的。

你可以通过拥有快速增值的东西来获得真正的财富。

这些东西可以是企业的一部分、房地产、自然资源、知识产权，或其他类似的东西。但无论如何，你需要拥有某些东西的股权，而不仅仅是靠出卖时间赚取工资，出卖时间只会呈慢速线性增长。

制造快速增值的东西的最好方法是大规模制造人们想要的东西。

13. 要有内驱力

大多数人主要都是靠外部驱动，他们做事情是为了让别人佩服。这种做法坏处颇多，以下两点最为突出。

首先，这导致你做事循规蹈矩。你会非常关心——比你意识到的要多得多——其他人是否认为你在做正确的事情。这可能会阻止你做真正有趣的工作。

其次,你通常会错误评估风险高低。你会非常专注于跟上别人的步伐,在竞争性游戏中不掉队,即使是在短期内。

聪明人似乎特别容易出现这种外在驱动的行为。意识到这一点有帮助,但只是一点点——你很可能要付出超强的努力才不会落入模仿的陷阱。

我所知道的最成功的人主要是由内部驱动的:他们所做的事情是为了给自己留下深刻印象,也是因为他们觉得有必要在这个世界上有所作为。当你赚够了钱,想买什么就买什么,得到了足够的社会地位,获得再多也不会让你感到快乐之后,这是我所知道的唯一能继续推动你达到更高水平的力量。

这就是为什么内部动机如此重要。这是我试图了解一个人时最先考虑的事。我们很难用一套规则来定义正确的内部动机,但当你遇到它时,你就能感受到它。

你很难在你不痴迷的事情上取得巨大的成功。最终,在一个对你很重要的领域的工作将用来定义你的成功。你越早朝这个方向起步，你就能走得越远。

在那之前，如果你不是生来幸运，就必须要先往上爬一段时间，然后才能做出巨大改变。我深深地意识到这样一个事实：若非生来幸运，我就不会有今天。

如果你家境十分贫寒，那么这条路将会异常艰难。机会分配如此不均，显然是一种耻辱和浪费，让人难以置信。直到我见证了足够多的人，他们出生时手握一副烂牌，最终却打成了王炸，我才发现普通人想要取得成功是完全有可能的。

第九个故事

顾伯健：
"绿孔雀案"吹哨人

2020年，昆明市中级人民法院做出一项历史性的判决——紧急叫停红河干流上一座正在建设中的水电站。因为水电站一旦建成蓄水后，将可能导致该区域绿孔雀灭绝；同时，水电站的其他配套工程，也将使这里的珍稀动植物面临极大生存风险。这就是著名的"云南绿孔雀

115

案"。

这一重大案件,被最高人民法院、中央广播电视总台评为"新时代推动法治进程2021年度十大案件"之一,也在2021年世界环境司法大会上,被联合国环境规划署评为"世界生物多样性司法保护"十大典型案例之一。

而这场引人注目的"绿孔雀案"的吹哨人,却是一位年轻的研究生,他就是顾伯健。

爱自然的孩子

"广种薄收的荞麦开花了。"

"这辈子见到的第一株沙冬青,贺兰山下。十多年了,还这么大。"

"一捧黄土上一朵淡紫色的小花,下面是沙葱庞大的根系。"

"沙漠里的芦苇,不知道是退化到最后阶段的湿地,还是一直就有顽强的适应性。"

"沙蜥蜴都快睡着了。"

"六盘山保存完好的落叶阔叶林,林冠真好看。"

第九个故事
顾伯健:"绿孔雀案"吹哨人

翻开顾伯健的朋友圈,仿佛聆听一首首自然赞歌。每一条都是他心爱的、钟爱的、热爱的一草一木,还有生态问题。

这份对大自然的热爱,小时候就已经播撒在了他的心田上。顾伯健的家在银川,黄河流过那里,留下丰富的湖泊、滩涂和湿地。每到周末,爸妈就会带他去湿地玩,在水里捞鱼,捞水草。湿地、鱼群、水草是他童年珍贵而美好的回忆。

银川的候鸟众多,那里是我国西部及东亚-澳大利西亚鸟类重要的迁徙路线必经地和栖息繁殖地。早晨上学路上,头顶经常掠过大群鸟儿。高中时学校边上的湿地成了他的乐园。他常常拿着地摊上买来的望远镜,独自一人去观鸟儿。湿地里的水鸟,或悠闲踱步,或撩水梳洗,或舒缓展翅,或敏捷啄食,每个动作都让他如痴如醉。每当发现新的鸟类,他就赶紧去网上查资料,或者回去翻科普书,希望更深入地了解它们。

《人与自然》《动物世界》都是他最喜欢看的电视节目。除了关于自然万物的纪录片,有时候还会有嘉宾访谈节目,"濒危""灭绝""保护"这样的字眼经常进入他的视野。

后来为什么选了植物学呢?顾伯健的理由很可爱——因为不用解剖动物。高中生物竞赛的经历让顾伯健了解到,学习动物难免要解剖动物,这对他来说太残忍了。

一进大学,顾伯健就身体力行将自己的热爱付诸行动,参加了"虎凤蝶保护行动",加入了"江苏野鸟会"等。虽然当年,"虎凤蝶保护行动"看起来很初级,只是在紫金山上捡了一天垃圾,但是保护虎凤蝶的栖息地,也等于间接地保护了虎凤蝶。南京红山动物园的爱鸟周上,自然也少不了顾伯健的身影,他忙着向市民分享爱鸟、保护野生动物的知识。

发现绿孔雀的踪迹

林业大学毕业后,顾伯健来到中国科学院西双版纳热带植物园做研究。身为国际权威植物学专家的导师多年前在绿汁江考察时,发现那儿的季雨林植被保存完好,并且没有被详细研究过,心里一直惦念着。

第九个故事
顾伯健："绿孔雀案"吹哨人

2013年，顾伯健得到这个宝贵机会，去探寻那些未曾被发现的植物种类和生态奥秘。

云南，是中国的孔雀之乡，爱鸟的顾伯健知道云南有绿孔雀，只是很少有人目睹过它的风采。刚到西双版纳，他就问保护区科研所的朋友，西双版纳还有没有绿孔雀。得到的回答是"跟野生老虎差不多——离灭绝不远了"。

11月到了云南绿汁江后，他选了一公顷的地方，每天来这里观察、记录当地的植物。除了专注植物研究，顾伯健会习惯性地问当地村民，附近都有什么野生动物。有一天，有村民说，这里有绿孔雀，叫声很洪亮。

顾伯健急切地问："我能见着吗？"

"太少了，也就5到10只。这东西精得很，鬼得很，老远听到人走过来就跑了，躲着。"

"在哪儿呢？"

"就在我住的后面的山沟里。太难见到了，季节也不好（11月）。"

顾伯健听完，就像发现新大陆一样激动，到处打

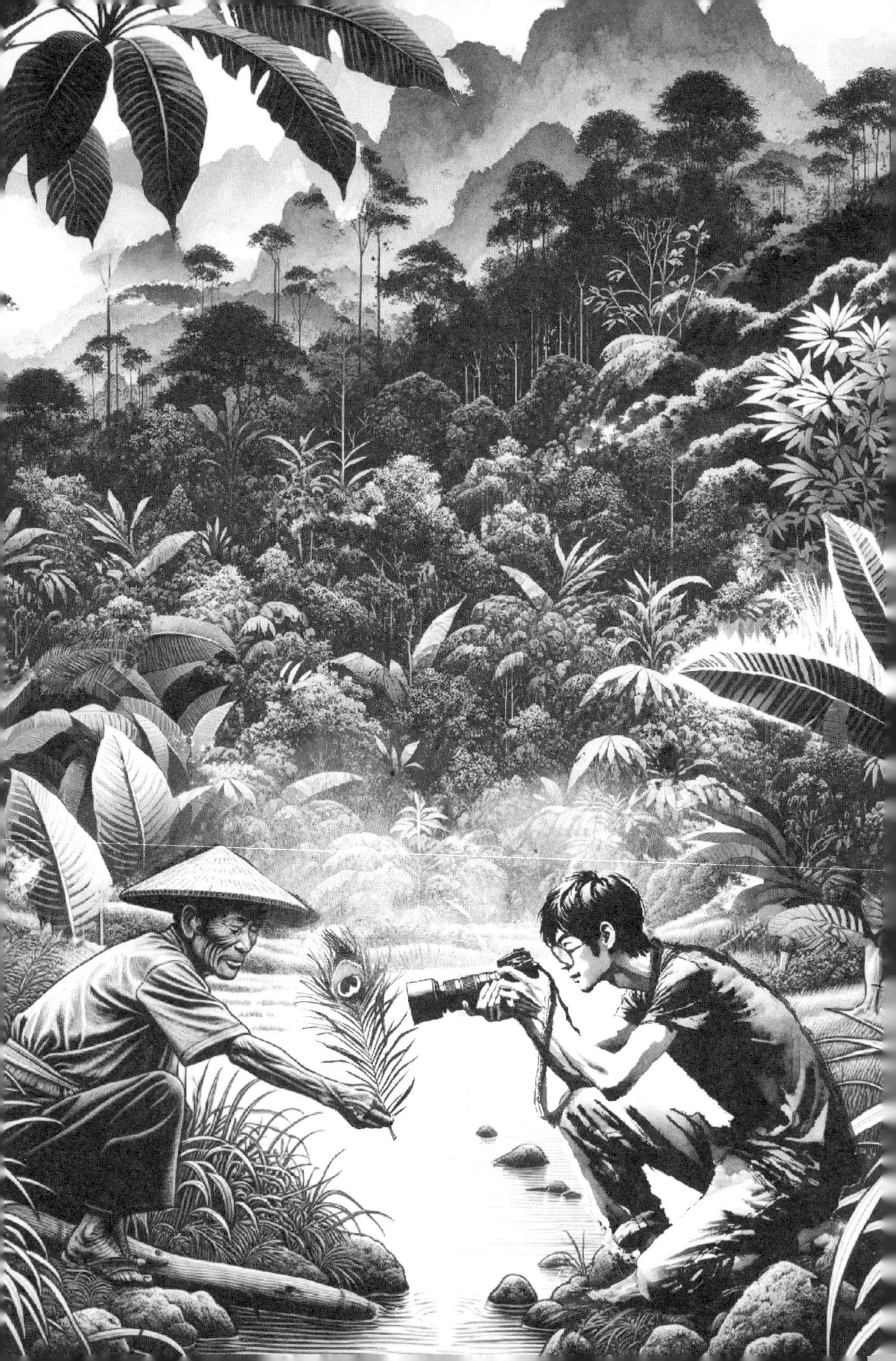

听绿孔雀的消息,渴望找到更多关于这种珍稀生物的线索。不久,一位热心的村民给了顾伯健一根捡到的绿孔雀羽毛,天啊,这可是稀有的绿孔雀羽毛。

绿孔雀是我国原生的孔雀,曾经数量众多,也是我们的吉祥鸟,据说凤凰的原型就是绿孔雀。因为全身鱼鳞状的羽毛在阳光下闪烁着金色的光,所以也被称为"龙鸟"。"孔雀东南飞,五里一徘徊。""孔雀未知牛有角,渴饮寒泉逢牴触。""金钱饶孔雀,锦段落山鸡。"我国诗词、绘画中闪耀着孔雀金翠的影子。

云南曾经生活着大量绿孔雀,但是,2014 至 2015 年调查结果显示,绿孔雀剩下不到 500 只,已经被《世界自然保护联盟濒危物种红色名录》列为濒危物种。大家平常看到的孔雀,是来自印度的蓝孔雀。

这次研究,顾伯健在绿汁江待了 20 多天。晚上听村民们闲聊说,附近要征地、搬迁,因为下游要建水电站。水电站什么时候开工呢?说是"还差 3 个章"!

顾伯健一听就傻眼了。这里是中国典型的热带季雨林,有丰富而独特的物种,他们才刚刚开始研究。每天他要蹚水到对岸,一棵树一棵树地测量,一棵树一棵树地记录。研究期间,他发现了我国珍稀的植物苏铁,一大片一大片的。他亲眼见证了这片热带季雨林的生机与活力。那些高耸入云的树木,那些独特而珍稀的植物,都在他的笔下留下了生动的印记。可是,水电站一建,什么都淹没了,这片充满生机和独特物种的热带季雨林将被毁灭,永远消失在人们的视野中,他们的努力和研究都将成为徒劳!

他心急如焚,不甘心看到这片热带季雨林就这样被毁灭,决心要为这片热带季雨林发出最后的呐喊!

为绿孔雀呐喊

12月,顾伯健结束考察,一回到西双版纳,就立即开始行动。作为一个刚入学不久的研究生,他能找到最重要的支持力量,就是有同样专业素养和深刻见解的老师们、研究专家们。

顾伯健问导师:"老师,您是否可以跟政府呼吁下,说说那里有着原始的热带季雨林和丰富的生物多样性,请求不要兴建水电站。"

导师不无惋惜地回复:"可能没用的。我经历的太多了，看到的相关材料也太多了，很多比这里有着更高保护价值的地方，比如澜沧江河谷那些原始森林和重点保护植物，当年有环保人士也呼吁过，但后来因为水电站建设一样也没保护下来。"

然而，顾伯健并没有放弃。2014年下半年，顾伯健去中国科学院昆明植物所拜访彭华研究员，请他帮忙鉴定绿汁江采集的植物标本。在介绍完了那里丰富的生物多样性、原始的热带季雨林重要的保护价值之后，又强调心心念念的绿孔雀栖息地。彭老师非常关注，同样认为那里需要建立保护区进行保护，并建议顾伯健回去跟导师说一下，他们联合一起呼吁。

但是后来的消息并不乐观。尽管彭老师在一些会议上多次呼吁在那里成立保护区，但都没有结果。"做环境保护工作，很多事情不是一蹴而就的。"

几百只绿孔雀的生命、珍稀的动植物资源，与装机量27万的水电站相比，孰轻孰重，每个人考虑的角度、衡量的标准是不同的，但是顾伯健依然知其不可为而为之。

2015年毕业后，留在西双版纳植物园工作的顾伯健，偶遇了中国科学院来开会的著名专家，顾伯健抓住机会再次当面详细讲了绿孔雀的保护空缺和面临的危机。

2015年4月份，顾伯健和北京的资深自然爱好者"坐看云起"又回到绿孔雀的栖息地，重点进行绿孔雀的考察与踩点，考察绿孔雀种群、出没的地点等信息。他惊喜地发现不少绿孔雀的粪便和刨食的痕迹，这更加坚定了他保护这片土地的决心。后来根据他的踩点建议，阿拉善SEE环保公益组织建立了绿孔雀保护项目基地。

2016年2月，顾伯健去北京大学山水自然保护中心办公室，与中心的伙伴们畅聊了一个下午。绿孔雀面临的危机和不受大家关注和重视的现状，深深触动了在场的每一个人。

一次次在希望与失望之间反复横跳，但是顾伯健没有时间耽搁。2016年4月，顾伯健看到新闻说，水电站已经于3月开工，这一消息，让顾伯健觉得：保护绿孔雀，刻，不，容，缓。

一逮住机会，顾伯健就要讲绿孔雀面临的危机。

2016年10月,作为《艺术邂逅科学》写生画展的工作人员,顾伯健见缝插针,借着介绍孙建东老师创作的绿孔雀画作的机会,向参观的领导以及嘉宾介绍野生绿孔雀濒危现状和保护的必要性。

在沉默中爆发

早在2016年年初,曾推动滇金丝猴、藏羚羊保护的著名环保人士奚志农来过西双版纳,本来有机会产生交集,顾伯健却恰巧出差在外。担任科学传播与培训部部长的王西敏赶紧通知他回来,可遗憾错过。

然而命运在关键时刻给予转机。时间到了2017年2月,奚志农在自己的家乡大理巍山青华乡绿孔雀保护区工作,却一只绿孔雀也没有看到。奚志农猛然想起王西敏提到过的那个执着于绿孔雀保护的青年——顾伯健。

他马上加了顾伯健的微信,两个人的交流,点燃了一束希望的火光。了解到顾伯健发现的这一地区是绿孔雀最后一片面积较大的、相对连续完整的栖息地后,奚志农决定借助"野性中国"公益机构的力量,为这片"绿洲"发声。

时间紧迫，越早越好。2017年3月，顾伯健觉得不能再等待了，他赶回去搜寻绿孔雀的证据资料，拍下了水电站开工后的惨状——植被茂密的山林被开膛破肚，尘土飞扬。而恰恰在之后的几天，在玉白顶保护区，顾伯健和玉溪观鸟会同伴惊喜地发现了另一个野生绿孔雀种群。

"2017年3月的一个傍晚，在红河上游的河谷，日落时山谷中传来了野生绿孔雀洪亮的鸣叫！三年的等待与追寻，今日终于听见了这神话之鸟的声音！这阵阵鸣声在空谷中回荡，真是激动人心！同时，我们还捡到了绿孔雀尾羽，看到了绿孔雀的脚印，虽然没有亲眼看见这百鸟之王，但是这鸣声已经令我难以忘怀！"

一边是声声啼叫的绿孔雀，一边是日夜开工的水电站，时间争分夺秒。

关键时刻就要来临！"野性中国"的婉容根据顾伯健的考察和采访内容撰写了初稿，顾伯健马上进行补充校对。虽然一直在野外考察，信号时断时续，但顾伯健尽力跟"野性中国"保持联系，更新信息和数据。

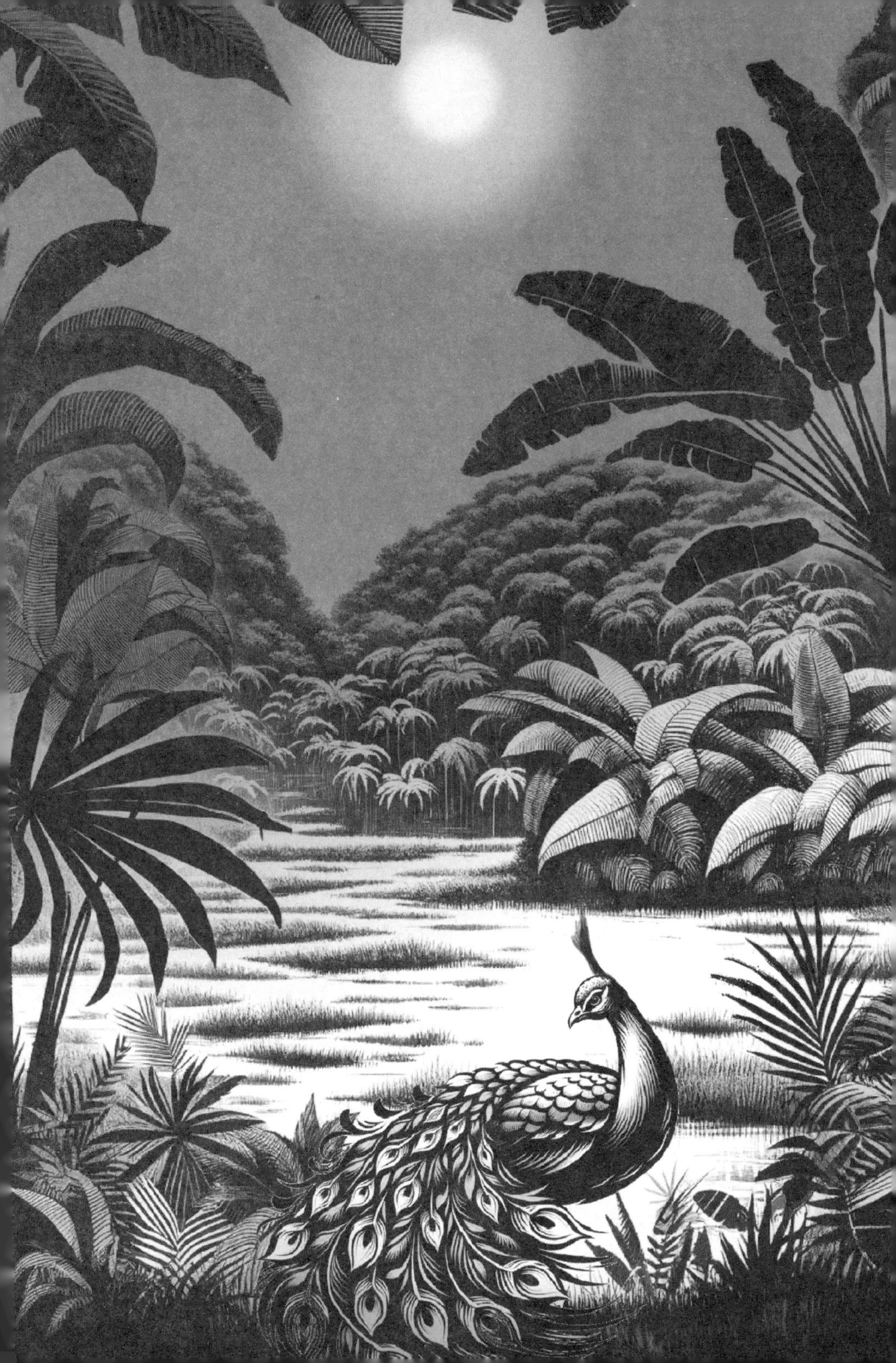

3月15日，西双版纳勐养镇的昆罕村，在村民家的院子里，顾伯健终于蹭到了Wi-Fi（移动热点）信号，便赶紧把电脑放在行李箱上，用翘起的箱盖遮住烈日光线，完成了稿子最后的校对，随后又出发森林考察。

两小时后，从林子里出来打开手机时，顾伯健发现朋友圈已经被"野性中国"的文章《是谁在"杀死"绿孔雀？中国最后一片绿孔雀完整栖息地即将消失》刷屏。为了保护他，文章中的"自然保护者"和图片摄影，都用的是他的笔名——伯虎。慢慢地，大家认识了这个勇敢的年轻人。随后，他就开始忙碌起来，数不清一天要接多少个媒体的电话，每次，他都详细地讲着绿孔雀面临的危机。憋了三年多的话，终于可以一吐为快。

艰难的公益诉讼

"野性中国"消息发出以后，相关的环保组织"自然之友""野性中国""山水自然保护中心"等机构联合起来，一起向生态环境部发出紧急建议函，建议暂停红河流域水电项目。生态环境部曾组织几方座谈，但是没有获得进展。

"自然之友"再次挺身而出，于2017年7月12日向昆明市中级人民法院提起公益诉讼，希望通过公益诉讼的方式保护绿孔雀的栖息地。当时的总干事张伯驹说："这件事紧急程度堪比1996年保护滇金丝猴事件。"顾伯健听到这个消息异常惊喜，这一次，绿孔雀也许有救了。

工作团队迅速集结。2017年8月至12月底，"自然之友"和"野性中国"组织了数次科学漂流考察，邀请全国顶尖的漂流专家掌舵，动植物学专家、摄影师、记者、律师、漂流专家们冒着生命危险，对水电站要淹没的区域进行专业而详细的考察。除了绿孔雀之外，这里还有珍稀植物陈氏苏铁两千株以上，也是蟒蛇、黑颈长尾雉、原鸡、绿喉蜂虎、褐渔鸮、千果榄仁等多种珍稀物种的家园。一旦水电站建成，它们的栖息地就要被淹没，生存将受到严重威胁。

2018年8月，"绿孔雀案"在昆明市中级人民法院一审开庭。顾伯健、奚志农等4人作为证人出席庭审。直到 2020 年 3 月，法院才作出判决：戛洒江水电站将破坏绿孔雀的栖息地，停止建设。

"绿孔雀案"成为全国首例立案的预防性野生动物保护的环境公益诉讼案件。以前都是在野生动物被损害后采取行动，而这次，是在伤害未发生前，为未来同类案件做了绝佳的示范。

故事并没有结束。顾伯健申请了公益基金资助，进行绿孔雀保护方案的实证研究，还参与创作了《绿孔雀：我的家在哪里》一书，用艺术的力量唤起更多人对绿孔雀栖息地的关注。

念念不忘，必有回响。一次看似不经意的询问，加上一连串绝不放弃的行动，引发一群志同道合的人的关注，点燃了一场拯救濒危绿孔雀的战役，成为全球生物多样性保护的著名案例。著名的英国动物学家、环保主义者珍·古道尔说过："唯有热爱，才会关心；唯有关心，才会行动。"

回想为了绿孔雀奋战的日日夜夜，顾伯健的话单纯而直接："总不希望自己热爱的东西消失。"

第十个故事

伊朗女孩：
每一个都很重要

2022年9月13日，22岁的玛莎·阿米尼和兄弟一起准备去伊朗首都德黑兰拜访亲戚。半路上，她因为头巾佩戴方式不对，没有完全盖住头发而被"道德警察"逮捕了，需要接受关于着装的"指导课程"。

但是悲剧突然而至，被捕两个小时后，阿

米尼因为不明原因陷入了昏迷,并在三天后死亡。伊朗警方声称,阿米尼是因为心脏病发作而去世的。

但是阿米尼的家人不同意这个说法,阿米尼的父亲说:"我的女儿从来没有心脏病,她一直身体健康,十分正常!而且,如果真的如他们所说,为什么她的身上有淤青?"

根据后来网上发布的医院扫描的照片分析,阿米尼身体出现多处骨折、出血等,判断是被严重撞击脑部引发的死亡。

仅仅只是"没有佩戴好头巾",就要被虐待致死?阿米尼葬礼的当天,一些伊朗女性突然摘下头巾,抛向天空,并且喊出:"女性!生命!自由!"她们的照片迅速登上了各大报纸的头版头条,10万人走上街头抗议,蔓延至伊朗的每个城市。

在伊朗,女性是不允许自由行动的,她们必须在父亲或者兄弟等男人的陪伴下才能出门,并且要穿上长袍、戴上头巾和面纱。在这样的处境下,女孩们冒着巨大的风险,勇敢地聚集起来,一起为了阿米尼呼喊、抗议。

因为这些女孩感同身受，阿米尼所遭受的不公正待遇，随时可能发生在每一个伊朗女性的身上。如果哪一天，她们的头巾"佩戴不当"、服装穿着不当，是不是也会被逮捕、被虐待致死？

女孩们走上街头，摘下头巾，甚至当众焚烧头巾。

这个故事，不是写某一个具体的人，而是写了一群人——一群伊朗女孩。某个英雄的出现当然很重要，但是很多时候，我们需要身边有人一起行动，互相支持、互相鼓励、互为榜样。每个人都有自己的力量，一个微小的行动，可能给其他人带来启发和示范。

埃尔纳兹·雷卡比是一名 34 岁的伊朗职业登山运动员，多次参加 IFSC（国际攀岩联合会）攀岩锦标赛并获得奖牌，还被 BBC（英国广播公司）评为 100 位有影响力的女性之一。抗议活动期间她在韩国参加亚洲攀岩锦标赛，故意违规没有佩戴强制性头巾。埃尔纳兹·雷卡比随后被软禁，后来她的房子被拆除，政府称因房屋没有有效的建筑许可证。

埃尔纳兹·雷卡比的示范效应带来众多名人的支持与仿效，很多公众人物站出来抗议。伊朗武装部队

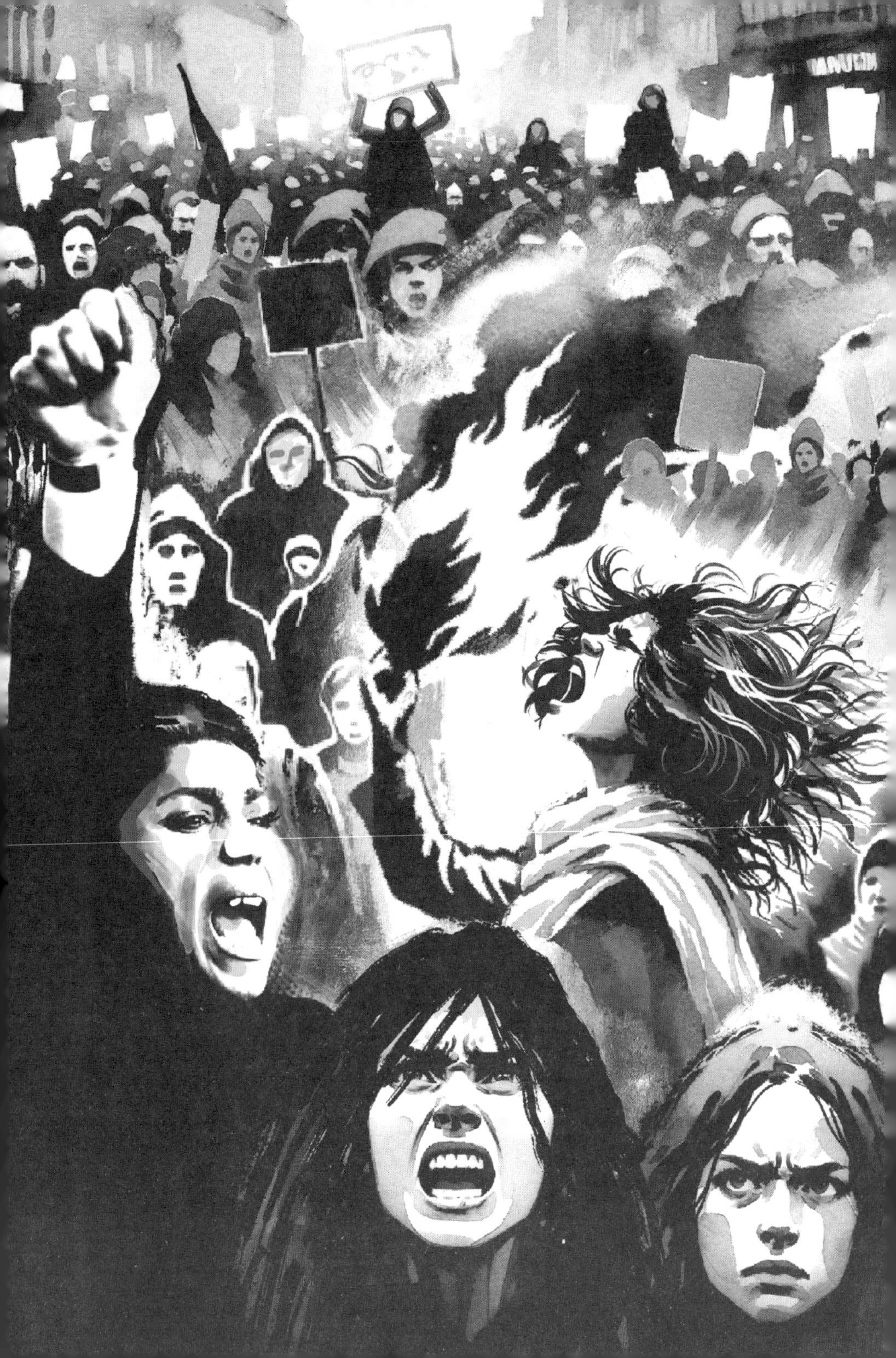

总司令政治和思想办公室主任要求国家对音乐家、演员和体育明星的行为进行更严格的控制。但是抗议依然不停，后来抗议的口号变为：不公、压迫、奋争、自由。

伊朗法西哈·拉德马内什，在土耳其举行的国际泰拳武术比赛领奖台上向观众展示脸上用黑墨写下"一个自由女人"标语。

伊朗音乐家谢尔文·哈吉普尔创作的歌曲《女性、自由和平凡生活的赞歌》，上线48小时内就拥有了4000万次浏览量，被多位艺术家以意大利语、德语、英语、西班牙语和法语等不同语言翻唱，总播放量约为5000万次。

很多男性也参加了抗议行动，伊朗医学委员会800多名成员指责委员会主席帮助掩盖阿米尼的真正死因。伊朗男子国家沙滩足球队、男子国家篮球队等多支伊朗运动队拒绝唱国歌，来声援抗议者。伊朗男子足球队在2022年FIFA（国际足球联合会）世界杯的首场比赛中奏国歌时保持沉默。伊朗球员阿兹蒙毫不犹豫地称："最坏的情况是我会被国家队开除，我不会有任何异议,因为**我愿意为了伊朗女性的一根头发而牺牲一切**。"

政府的压制激发了更多人反抗,工人罢工、学生罢课,抗议活动带来很多人的牺牲,有700多名抗议者被杀害,超过1.8万人被拘留。

这一事件也引发了国际关注,各国领导人、国际机构纷纷发声,声援伊朗女性、谴责对女性的暴力。以加拿大梅拉妮·乔利为首的十几个国家的女外长联名谴责伊朗对妇女权利的暴力镇压。她们在一份联合声明中说:"作为女性外交部部长,我们感到有责任回应伊朗女性的声音。"

意大利的哈比说:"最大的妇女权利和人权战争正在伊朗发生。如果你生活在地球上并保持沉默,你将永远无法再次谈论妇女权利。"

最终的抗议结果是,伊朗放松了强制佩戴头巾的要求,取消道德警察。越来越多的女性已不戴头巾,能够享受"头巾自由"。

试想一下,如果仅有几十个人、几百个人站出来抗议,结果会怎样?如果不是每个人都站出来,每个

人都勇敢地表达自己，绝对不会有今天这样的结果。杰出领袖固然重要，身为普通人的我们，我们每一个人，也能发挥着重要的影响力。